Adalbert Metzinger

# Entscheidung aus Gewissensgründen
## Der beschwerliche Weg zur Kriegsdienstverweigerung

# Entscheidung aus Gewissensgründen

Der beschwerliche Weg zur Kriegsdienstverweigerung

Adalbert Metzinger

weiterer Mitwirkender: Hartmut Westermann

Herstellung und Verlag:
BoD – Books on Demand, Norderstedt

ISBN: 978-3-7578 -2777 -9

# Inhaltsverzeichnis

# 1. Einleitung

Seit ich meinen Antrag auf Kriegsdienstverweigerung beim Kreiswehrersatzamt Offenburg 1969 einreichte, befand ich mich in einer über fünf Jahre dauernden Auseinandersetzung mit der Institution Bundeswehr, um meine Anerkennung als Kriegsdienstverweigerer zu erreichen. Während dieses langwierigen Konfliktprozesses sammelte ich viele Unterlagen, die teils von mir, teils von verschiedenen Stellen der Bundeswehr, Gerichten und Rechtsanwälten stammen. Meine Geschichte dokumentiert die bürokratischen Hürden der Kriegsdienstverweigerung und das fragwürdige Inquisitionsverfahren, aber auch die persönlichen Schwierigkeiten wie z. B. Ängste, psychische Belastung, Frustrationen und Stress bis zur Anerkennung als Kriegsdienstverweigerer. Ab dem Anfang meiner Kriegsdienstverweigerung fühlte ich mich besonders in meinem Heimatort als jemand, der von der Norm bezüglich der Ableistung des Wehrdienstes ab-weicht. War ich doch der erste in Ottersweier, der den Kriegsdienst verweigerte. Mit dieser Entscheidung stieß ich bei einem Teil der jüngeren, aber mehr noch bei älteren Dorfbewohnern auf Ablehnung. Häufig wurde mein Vater als langjähriger Gemeinderat und Stiftungsrat der katholischen Pfarrgemeinde St. Johannes wegen meiner Kriegsdienstverweigerung angesprochen. Erfreulicherweise hat er mich und meine Entscheidung aber gegenüber Kritik immer verteidigt, was mir den wichtigen familiären Rückhalt  auch in der Öffentlichkeit gab. Selbst in meiner Klasse am Wirtschaftsgymnasium Rastatt hatte ich bezüglich Kriegsdienstverweigerung eine Sonderrolle, denn von den 19 männlichen Mitschülern verweigerte kein einziger. Mit meiner Kriegsdienstverweigerung stand ich in Ottersweier am Anfang allein auf weiter Flur. Später, besonders nachdem ich im September 1971 den KDV-Arbeitskreis in Ottersweier ins Leben gerufen hatte, fanden sich in meiner Heimatgemeinde zunehmend Mitstreiter und weitere Kriegsdienstverweigerer. Meine Kriegsdienstverweigerung war keine Entscheidung im luftleeren Raum, sondern war bestimmt von den Erfahrungen meiner Erziehung, von der Auseinandersetzung mit mir selbst und der intensiven

Beschäftigung mit dem Thema Kriegsdienstverweigerung. Wegweisend stellte ich mir dabei die Frage: „Kann ich es vor meinem Gewissen verantworten am Kriegsdienst, ganz gleich in welcher Form, teilzunehmen?" Wer wie ich als Kriegsgegner nach seiner ehrlichen Überzeugung den Krieg dem Bereich des Bösen zuordnet und ihn als ein Verbrechen an der Menschheit im Sinne eines in sittlicher Hinsicht besonders verwerflichen Verhaltens einstuft, für den ergibt sich aus der Natur der Sache ein seelischer Zwang zur Verweigerung des Kriegsdienstes mit der Waffe. Im Rahmen meiner politischen Bewusstseinsbildung konnte ich in vielen persönlichen Gesprächen innerhalb meiner Familie, mit Freunden, Bekannten und Mitschülern meine Position zur Kriegsdienstverweigerung offensiv vertreten. Mein individueller Einsatz für meine Anerkennung als Kriegsdienstverweigerer führte zu einer nachhaltigen Beschäftigung mit dem Thema Kriegsdienstverweigerung. Die Erfahrungen mit meiner Kriegsdienstverweigerung motivierten mich spätestens aber 1971 zu einem politischen Engagement in antimilitaristischen Gruppen (Arbeitskreise, VK, DFG-VK). Dadurch konnte ich mit den verschiedenen Gruppierungen und unterschiedlichen Aktionen in der Öffentlichkeit für die Kriegsdienstverweigerung Gehör verschaffen und relativ viele junge Männer auf die Möglichkeit der Kriegsdienstverweigerung aufmerksam machen. Der Prozess meiner Politisierung im Zusammenhang mit meiner Kriegsdienstverweigerung wurde aber auch durch die Studenten- und Schülerbewegung gegen Ende der 1960er Jahre unterstützt.

Aus heutiger Sicht ist diese Form der Kriegsdienstverweigerung ein historisch interessantes, zugleich aber auch ein in unserer Gesellschaft weitgehend verschwundenes Thema. Die Kriegsdienstverweigerung stellte anfangs in der Bundesrepublik Deutschland ein Novum dar, das es vorher so im deutschen Militär noch nicht gegeben hatte. Die geschichtliche Bedeutung der Kriegsdienstverweigerung liegt nicht nur in der Vergangenheit, sondern sollte auch auf die Gegenwart zielen, um spezielle Probleme eines Teils von jungen Menschen in Erinnerung zu rufen und auf dieses wichtige Grundrecht aktuell hinzuweisen. Seit 1990 am Ende des Ost-West-Konflikts hat sich das Aufgabenspektrum der Bundeswehr stark verschoben, denn die Neuausrichtung der Bundeswehr richtete sich von nun an vermehrt auf Auslandseinsätze wie z. B. in Afghanistan und Mali. Seit 1992 bis 2019 kamen bei diesen Einsätzen 114 Soldaten ums Leben. Diese Toten sollten auch eine Mahnung sein, dass seit der Einführung einer Freiwilligenarmee im Jahr 2011 das Recht auf Kriegsdienstverweigerung sich primär auf aktive Soldaten und Reservisten richtet, aber von diesem Personenkreis kaum wahrgenommen wird. So haben z. B. vom Juli 2011 bis Juni 2014 nur 115 Soldaten einen Antrag auf Kriegsdienstverweigerung gestellt (davon 13 Soldatinnen).

Seit Russland die Ukraine am 24. Februar 2022 angegriffen hat, sind Kriegsdienstverweigerung und Desertion, besonders in der Ukraine und Russland sowohl für mögliche Wehrpflichtige als auch für Soldaten, ein wichtiges Thema. So haben z. B. etwa 3 000 Männer aus der Ukraine, die in diesem Krieg nicht kämpfen wollten, in Moldawien Asyl beantragt. Im Mai und Juni 2022 wurden in der Ukraine ein Kriegsdienstverweigerer zu drei Jahren Haft auf ein Jahr Bewährung und im anderen Fall zu vier Jahren auf drei Jahre Bewährung verurteilt. In der Ukraine gibt es zwar ein Recht auf Kriegsdienstverweigerung, aber das ukrainische Verteidigungsministerium hat Anfang September 2022 offiziell bestätigt, dass die Möglichkeit zum Verweigern des Kriegsdienstes bereits seit Kriegsbeginn ausgesetzt wurde. Auf russischer Seite gibt es ebenfalls Wehrdienstflüchtlinge, die sich rechtzeitig den Rekrutierungen zu Militär und Krieg durch die Flucht ins Ausland entzogen und dort um Asyl gesucht haben. Wie wir es in Deutschland mit Deserteuren halten, besonders mit Blick auf russische Verweigerer, hat bei Medien und Politik zu einer komplexen Diskussion geführt. Bekannt ist, dass von 2 500 Anträgen auf Asyl durch russische Kriegsdienstverweigerer bislang gerade mal 55 anerkannt wurden (vgl. Bochow, Acher- und Bühler Bote, 02.06.2023). Diese geringe Zahl ergibt sich aus dem Umstand, dass Wehrdienstverweigerung und Desertion in Deutschland kein Asylgrund sind. Auch in Deutschland hat der Krieg in der Ukraine das Thema Kriegsdienstverweigerung neu entfacht, denn seit Ausbruch dieses Krieges ist erstmals wieder die Zahl der Kriegsdienstverweigerer in Deutschland deutlich gestiegen.

Schlagzeilen wie z. B. „Immer mehr Bundeswehrsoldaten verweigern den Dienst" weisen darauf hin, dass vermehrt Soldatinnen und Soldaten aus dem Dienst entlassen werden wollen. Auch bei Reservisten und Ungedienten haben die Verweigerer zugenommen. Die Zahl der Verweigerungen erhöhte sich von 209 im gesamten Jahr 2021 auf 1 042 (223 Soldatinnen und Soldaten, 266 Reservistinnen und Reservisten und 593 Ungediente) im Jahr 2022. Bei den Ungedienten waren 2021 nur 23 Anträge eingegangen. Die meisten Antragsteller begründeten ihre Verweigerung mit dem russischen Angriffskrieg gegen die Ukraine. Laut einer repräsentativen Umfrage des Meinungsforschungsinstituts YOUGov im Auftrag der Deutschen Presse-Agentur wäre im Falle eines Angriffes auf Deutschland nur jeder Zehnte Deutsche zum Kriegsdienst bereit (Februar 2023). Freiwillig würden sich allerdings nur fünf Prozent der Deutschen zum Kriegsdienst melden. Fast jeder vierte Deutsche (24 Prozent) würde im Kriegsfall so schnell wie möglich das Land verlassen. Die Ergebnisse weisen auf eine gestiegene Angst der deutschen Bevölkerung vor einer militärischen Konfrontation hin. Der Krieg in der Ukraine hat zudem das Thema Kriegsdienstverweigerung in Deutschland wieder stärker in den Mittelpunkt gerückt. Die Umfrageergebnisse deuten auf eine äußerst geringe Bereitschaft zum Kriegsdienst hin und die angestiegene Zahl der Kriegsdienstverweigerer im Jahr 2022 zeigen, dass sich besonders jüngere Menschen mit der Kriegsdienstverweigerung auseinandersetzen.

Dieses Buch schildert den beschwerlichen Weg und meine dabei gemachten Erfahrungen hin zu meiner Anerkennung als Kriegsdienstverweigerer. Ebenso wird das sich daraus entwickelnde politische Engagement auf dem Gebiet der Kriegsdienstverweigerung berücksichtigt. In die Darstellung fließen sowohl subjektive Erinnerungen als auch sachbezogene Informationen mit ein. Das Buch erhebt weder den Anspruch auf eine umfassende und repräsentative Analyse noch auf eine wissenschaftliche Bewertung der Kriegsdienstverweigerung.

# 2. Geschichte der Kriegsdienstverweigerung in der BRD

In der Geschichte Deutschlands war bis 1945 im Fall eines Krieges eine Kriegsdienstverweigerung nur durch eine Desertion möglich. Im Ersten Weltkrieg wurde Kriegsdienstverweigerung als Fahnenflucht oder Landesverrat mit Zuchthaus bestraft. Im NS-Regime während des Zweiten Weltkriegs wurde die Kriegsdienstverweigerung als Wehrkraftzersetzung meistens mit der Todesstrafe geahndet. Die NS-Justiz hat ab dem Beginn des Zweiten Weltkriegs mindestens 30 000 Deserteure zum Tode verurteilt und ungefähr 23 000 derartige Urteile wurden auch vollstreckt. Insgesamt sind etwa 350 000 bis 400 000 deutsche Soldaten desertiert. Das entspricht bei rund 18,2 Millionen Soldaten einer Desertionsquote von ca. zwei Prozent. Unter dem Eindruck der Verbrechen der nationalsozialistischen Diktatur während des Zweiten Weltkriegs hielt die Mehrheit des Parlamentarischen Rates einen verfassungsrechtlichen Schutz der Kriegsdienst-verweigerung für geboten. Auf Antrag der SPD wurde im April 1948 im Parlamentarischen Rat die Aufnahme eines Satzes, der in das 1949 verabschiedete Grundgesetz aufgenommen wurde, formuliert: „Niemand darf gegen sein Gewissen zum Kriegsdienst mit der Waffe gezwungen wer-den" (Art. 4 Abs. 3 GG). Damit war das Recht auf Kriegsdienstverweigerung aus Gewissensgrün-den ein echtes Grundrecht geworden, dessen zentraler Zweck es war, den Einzelnen vor dem Zwang zu bewahren, töten zu müssen. Das Grundgesetz von 1949 sah ursprünglich für den neu zu gestaltenden Staat eine eigene Armee nicht vor. Die Mehrzahl der Bevölkerung lehnte in den ersten Nachkriegsjahren eine Wiederbewaffnung ab, so wie z. B. auch der spätere Verteidigungsminister Franz-Josef Strauß: „Wer noch einmal ein Gewehr in die Hand nehmen will, dem soll die Hand abfallen" (Der Spiegel, 02.01.1957). Seit 1950 wurde der Ruf nach einer eigenen Wehrmacht unter Bundeskanzler Adenauer stärker. Dies führte zu kontrovers geführten Debatten, was aber trotzdem 1955 zum Beginn der Aufstellung der Bundeswehr führte. Bereits 1954 war die Bundesrepublik Deutschland der NATO beigetreten.

Das im Juli 1956 verabschiedete Wehrpflichtgesetz legte bezüglich der Kriegsdienstverweigerung in § 25 fest: „Wer sich aus Gewissengründen der Beteiligung an jeder Waffenanwendung zwischen den Staaten widersetzt und deshalb den Kriegsdienst mit der Waffe verweigert, hat statt des Wehrdienstes einen zivilen Ersatzdienst außerhalb der Bundeswehr zu leisten." Der Wehrersatzdienst bzw. Zivildienst wurde erst 1961 bundesweit eingeführt. Dieser „Abschreckungsdienst" dauerte aber immer einige Monate länger als der Dienst bei der Bundeswehr. Von vornherein wurden aber die Kriegsdienstverweigerer in eine Außenseiterrolle gedrängt und galten sogar als „systemzersetzend". Gängige Bezeichnungen waren: Schwächlinge, Feiglinge, Drückeberger, Vaterlandsverräter usw. Bis etwa 1968 machten nur wenige Wehrpflichtige von ihrem Recht auf Kriegsdienstverweigerung Gebrauch, weshalb bis etwa 1968 die Zahl der Verweigerer recht niedrig blieb. Andererseits wurden aber 1963 noch 90 Prozent aller Antragssteller anerkannt. 1968 erhielten bereits weniger als zwei Drittel eine Anerkennung und im Jahr 1970 wurden erstmals weniger als die Hälfte anerkannt. Insbesondere durch die Studentenbewegung, damit zusammenhängende veränderte Einstellungen zu Gesellschaft und Staat und den Vietnam-Krieg wurde vielen jungen Männern bewusst, dass sie nicht mehr so unkritisch und konformistisch zur Bundeswehr gehen wollten. Dadurch bedingt erhöhte sich die Anzahl der Kriegsdienstverweigerer zunehmend. Viele zogen auch damals nach Westberlin, weil diese Stadt von der Wehrpflicht ausgenommen war.

„Wem bewusst ist, dass er im Atomzeitalter lebt,
und sich dem Militärdienstzwang nicht widersetzt –
Wer gedankenlos in die Kaserne trottet,
obwohl er den Kriegsdienst verweigern kann –
den kann ich nicht einmal mehr bedauern.
Der hat nur durch einen Irrtum sein Großhirn bekommen,
das Rückenmark hätte ihm vollkommen genügt."

(Albert Einstein)

Erst 1983 wurde die Gewissensprüfung weitgehend abgeschafft und durch ein schriftliches Anerkennungsverfahren ersetzt. Dadurch bedingt stieg die Anerkennungsquote im schriftlichen Verfahren auf über 90 Prozent. Mit der Aussetzung der Wehrpflicht im Jahr 2011 entstand eine Berufsarmee, wodurch sich die Kriegsdienstverweigerung in erster Linie nur noch auf aktive Soldaten und Reservisten bezog.

## 3. Anerkennungsverfahren

Es war der 10. Dezember 1969, als ich meinen Antrag auf Kriegsdienstverweigerung stellte. Er wurde von mir per Einschreiben mit dem folgenden Wortlaut an das zuständige Kreiswehrersatzamt Offenburg gerichtet:

„Hiermit beantrage ich meine Anerkennung als Kriegsdienstverweigerer aus Gewissensgründen gemäß Artikel 4, Absatz 3 des Grundgesetzes für die Bundesrepublik Deutschland und gemäß § 25 des Wehrpflichtgesetzes."

Als ich abschließend den Antrag mit meinem Namen unterschrieben hatte, fiel mir ein schwerer Stein vom Herzen. Obwohl ich bereits bei der Wehrerfassung und der Musterung gewisse allgemeine Vorbehalte gegenüber dem Wehrdienst hegte, hatte ich bei den ersten konkreten Berührungspunkten mit der Institution Bundeswehr mein Gewissen nicht sonderlich gespürt und mich mit der speziellen Problematik kaum auseinandergesetzt. Einerseits hatte ich es irgendwie verbummelt und andererseits kreisten meine Gedanken im Alltagstrott viel zu häufig um andere Sachen bzw. Themen. Meine damalige Mentalität wichtige Entscheidungen gerne solange wie möglich hinauszuschieben und der Umstand, dass ich wegen des Schulbesuchs vorerst wegen meiner Zurückstellung sowieso nicht eingezogen werden konnte, hatten meinen Klärungsprozess und meine Gewissenserforschung zum geeigneten Zeitpunkt verzögert. Leider erfuhr ich erst später, dass ein bei der Wehrerfassung oder bei der Musterung gestellter Antrag vor der Einberufung zur Bundeswehr schützte, denn er hat dann eine „aufschiebende Wirkung", die bis zur 2. Instanz – der Prüfungskammer – bestehen blieb. Wer also später verweigert, kann ohne Rücksichtnahme auf seinen Antrag und ohne „Gewissensprüfung" einberufen werden. Außerdem verleiht der frühzeitig gestellte Antrag eine bessere Ausgangsposition im Anerkennungsverfahren, da die Glaubwürdigkeit des Verweigerers bei früher Antragsstellung meistens weniger angezweifelt wird als bei späterer Antragstellung. Deshalb war mir jetzt bei meiner Entscheidung den Kriegsdienst zu verweigern bewusst, dass ich auch vor meiner Anerkennung als Kriegsdienstverweigerer zur Bundeswehr einberufen werden konnte. Bedauerlicherweise fing ich erst nach meiner Musterung richtig an, mich mit der Problematik Kriegsdienstverweigerung zu beschäftigen. Danach reifte bei mir innerhalb von ca. neun Monaten intensiver Erforschung dieses Themas meine Entscheidung und der nicht immer leichte Klärungsprozess führte endgültig zu meinem Entschluss, den Kriegsdienst zu verweigern. Rückblickend muss ich gestehen, dass ich noch recht uninformiert und oberflächlich zur Kriegsdienstverweigerung stand, als ich das erste Mal mit der Bundeswehr konfrontiert worden war. Ich meine damit die sogenannte „Aufforderung zur Wehrerfassung".

Seit Bildung der Bundeswehr und der damit verbundenen Wehrpflicht im Jahr 1956 verweigerte bis 1967 nur eine kleine Minderheit. Erst ab 1968 stieg die Zahl der Verweigerer deutlich an, denn die Zunahme von 5 963 (1967) auf 11 952 (1968) bedeutete eine Erhöhung von 5 989 Anträgen, was er einer Verdoppelung gleichkam. 1969 betrug die Zahl der Kriegsdienstverweigerer 14 420, zu denen ich nun auch gehörte. Die KDV-Anträge stiegen 1977 auf 69 969 und 1989 auf 77 400 an. Während des 2. Golfkrieges im Jahr 1991 erhöhten sich die Antragszahlen auf Anerkennung als Kriegsdienstverweigerer auf die „Rekordmarke" von 151 212. Zwischen dem 01.01.2002 und dem 31.12.2012 wurden 1 179 691 Anträge gestellt, davon entfielen 31 985 auf Soldaten (vgl. Bundesamt für Familie und Zivilgesellschaftliche Aufgaben, 06.03.2013). Von 1956 bis 1983 war die Gewissensentscheidung sowohl in einer schriftlichen Begründung als auch in einem mündlichen Prüfungsverfahren glaubhaft zu machen.

## 3.1 Wehrerfassung und Musterung

Im Herbst 1968 wurden die Wehrpflichtigen meines Geburtsjahrganges 1950 durch das „Mitteilungsblatt" meiner Heimatgemeinde O. zum Wehrdienst im Rahmen der Wehrerfassung aufgerufen:

„Nach § 1 des Wehrpflichtgesetzes sind alle Männer vom vollendeten achtzehnten Lebensjahr an, die Deutsche im Sinne des Grundgesetzes sind und ihren ständigen Aufenthalt im Geltungs-bereich des Wehr-pflichtgesetzes (Bundesrepublik ohne Berlin) haben, wehrpflichtig. Männliche Personen können bereits ein halbes Jahr vor Vollendung des achtzehnten Lebensjahres erfasst werden (§ 15 Abs. 6 des Wehrpflicht-gesetzes)."

Zum Schluss dieser öffentlichen Aufforderung wurde die reibungslose Abwicklung dieses Verwaltungsaktes noch durch eine Strafandrohung betont:

„Wehrpflichtige, die der Aufforderung, sich zu melden, nicht Folge leis-ten, begehen eine Ordnungswidrigkeit, die nach § 45 des Wehrpflichtge-setzes mit einer Geldbuße geahndet werden kann."

In meiner Schulklasse am Wirtschaftsgymnasium und im Dorf bei meinen ehemaligen Schulkameraden von der Volksschule unterhielten wir uns zwar über die Wehrerfassung, aber es erfolgte dabei nie eine kritische Auseinandersetzung mit dem kommenden Wehrdienst.

Mit Datum vom 7. März 1969 wurde ich schließlich zur Musterung beim Kreiswehrersatzamt Offenburg geladen. Außer dem Personalausweis oder Reisepass musste man folgende Unterlagen mitbringen:

1. Nachweise über Schul- und Berufsausbildung,

2. Nachweise über eine technische oder krankenpflegerische Ausbildung,

3. Freischwimmer- oder Rettungsschwimmerzeugnis,

4. Führerschein für Kraftfahrzeuge, Flugzeuge und Wasserfahrzeuge,

5. Nachweis über Polizeivollzugsdienst, Annahmeschein für den Polizei-vollzugsdienst

   (Bundesgrenzschutz oder Polizei der Länder),

6. ein Passbildung, sofern dies bei der Erfassung noch nicht vorgelegt worden ist,

7. bereits in Ihrem Besitz befindliche ärztliche Unterlagen, Brillenrezepte oder Brillen sowie

   Versorgungsbescheide,

8. Unterlagen, die zu einem Antrag auf Befreiung oder Zurückstellung vom Wehrdienst noch  nicht eingereicht wurden. Außerdem war eine Sport- und Badehose mitzubringen.

## Ärztliches Untersuchungsergebnis

bei der Musterung
nach § 17 Abs. 5 des Wehrpflichtgesetzes

| METZINGER ADALBERT JOSEF | 24 06 50 M 5092 509 |
|---|---|
| (Name) | Personenkennziffer |

| Tauglichkeitsgrad *) | T |
|---|---|
| Grund für die Feststellung des Tauglichkeitsgrades B, Z oder U | |
| Nach ärztlichem Urteil nicht verwendbar bei folgenden Truppengattungen | |

Offenburg - 7. März 1969
(Ort und Datum)

(Hauptmusterungsarzt)

Dr. Schmidt
Ob. Reg. Med. Rat

*) T = tauglich
   B = beschränkt tauglich
   Z = vorübergehend untauglich
   U = dauernd untauglich

SanForm Bw 111 / Form 2380 (MB) VIII / 68 - Ärztliches Untersuchungsergebnis -

Bei unentschuldigtem Fernbleiben konnte gemäß § 44 Abs. 2 WPflG, die Vorführung des Musterungsunwilligen durch die Polizei angeordnet werden und ferner gemäß § 45 des WPflG eine Geldbuße gegen ihn festgesetzt werden. Um 7.45 Uhr mussten sich die Musterungskandidaten im Kreiswehrersatzamt einfinden und wurden dann in Bade- oder Sporthose untersucht. Eine oberflächliche medizinische Untersuchung führte bei mir Oberregierungsmedizinalrat Dr. Schmidt durch, der mich z. B. 20 Kniebeugen vorführen ließ. Ebenso wurde auch mein Schädel gemessen, wahrscheinlich damit bei der Bundeswehr der Stahlhelm richtig passt. Ein Blutbild wurde nicht durchgeführt. Wie gesagt, es handelte sich um eine Untersuchung mit Fließbandcharakter, die deshalb keine fundierten Ergebnisse oder Erkenntnisse erbringen konnte.

Mit dem Tauglichkeitsgrad „T" gehörte ich zu den 67,9 Prozent des Geburtsjahres 1950, die ebenfalls tauglich waren. Die drei weiteren Tauglichkeitsgrade des Geburtsjahres 1950 teilten sich wie folgt auf:

- 21,6 Prozent waren eingeschränkt tauglich

-  8,8 Prozent waren vorübergehend tauglich

-  1,7 Prozent waren dauernd untauglich

Von den tauglich gemusterten Wehrpflichtigen des Geburtsjahres 1950 wurden zum Grund-wehrdienst herangezogen:

- Grundwehrdienst  73,8 Prozent

- Ersatzdienst        2,1 Prozent

(vgl. Deutscher Bundestag, 28.02.1974)

PK: 240650-M-5092

(PK bei Anfragen und Eingaben bitte angeben)

76 **Offenburg**, den ........... 7. März 1969
Hauptstraße 34c

**Bei Reisen in oder durch Gebiete außerhalb der Bundesrepublik Deutschland darf der Musterungsbescheid nicht mitgenommen werden.**

# Musterungsbescheid

für den Wehrpflichtigen ......... M E T Z I N G E R   Adalbert Josef

(Name, Vornamen – Rufnamen unterstreichen)

wohnhaft in ..... 7583 Ottersweier Krs.Bühl/BW, ......... Hauptstr. 31

(Ort) — (Straße, Hausnummer)

Sehr geehrter Herr ......... Metzinger !

Sie sind am .... 7.März 1969 ..... vom Musterungsausschuß beim Kreiswehrersatzamt    **Offenburg** gemustert worden.

Sie erhalten auf Grund der ärztlichen Untersuchung den

**Tauglichkeitsgrad „tauglich"   ( T )**

und werden der

**Ersatzreserve I**

zugewiesen.

Sie stehen gemäß § 5 Abs. 1 des Wehrpflichtgesetzes (WPflG) für den vollen Grundwehrdienst *) – gemäß § 5 Abs. 3 Halbsatz 2 WPflG für den verkürzten Grundwehrdienst von mindestens einem Monat bis höchstens 12 Monaten *) – zur Verfügung.

Ort und Zeit des Diensteintritts werden Ihnen durch Einberufungsbescheid bekanntgegeben.

Sie werden auf den Antrag vom .... 7.3.1969 ..... gemäß § 12 Abs. 4 WPflG bis zum .... 30.Juni 1970 vom Wehrdienst

**zurückgestellt.**

Die Zurückstellung kann gemäß § 7 Abs. 5 der Musterungsverordnung vom Kreiswehrersatzamt widerrufen werden, wenn der Zurückstellungsgrund wegfällt; sie kann gemäß § 48 Abs. 1 Nr. 1 WPflG im Bereitschaftsfall vom Kreiswehrersatzamt widerrufen werden. Im Verteidigungsfall tritt die Zurückstellung gemäß § 48 Abs. 2 Nr. 3 WPflG außer Kraft.

Sie unterliegen gemäß § 24 WPflG der Wehrüberwachung und haben den vorzeitigen Wegfall der Voraussetzungen für die Zurückstellung unverzüglich dem Kreiswehrersatzamt zu melden.

Eine Abschrift des ärztlichen Untersuchungsergebnisses ist beigefügt.

Weitere Entscheidungen: Zu Beginn eines jeden Schuljahres ist dem zuständigen Kreiswehrersatzamt jeweils eine Bescheinigung über den Fortgang des Schulbesuches vorzulegen.

**Rechtsmittelbelehrung:**

Gegen diesen Bescheid kann binnen zwei Wochen nach Zustellung schriftlich oder zur Niederschrift beim Kreiswehrersatzamt    **Offenburg**    Widerspruch eingelegt werden. Die Frist wird auch durch Einlegung bei der Wehrbereichsverwaltung V -Außenstelle Karlsruhe-, 75 Karlsruhe,xxxxx Karlstr. 40 - II.OG. gewahrt.

[Dienstsiegel]

Hochachtungsvoll

*Lange*

(Unterschrift)

Vorsitzender

( L a n g e )

Reg.-Amtmann

Nach Abschluss der Musterung händigte mir der Vorsitzende des Musterungsausschusses Regierungsamtmann Lange zunächst das ärztliche Untersuchungsergebnis mit dem Tauglichkeitsgrad T (=tauglich) aus und überreichte mir den Musterungsbescheid. Er beglückwünschte mich zu meinem erfreulichen Gesundheitszustand und gab mir dann noch den Wehrpass. Damit gehörte ich nun zur Ersatz-Reserve I und unterlag gleichzeitig nach  dem § 24 Wehrpflichtgesetz der Wehr-überwachung. Als jetzt Wehrpflichtiger hatte ich deshalb u. a.

a) jede Änderung meines ständigen Aufenthaltes oder meiner Wohnung binnen einer Woche, im Verteidigungsfall innerhalb 48 Stunden, dem zuständigen Kreiswehrersatzamt meines Weg- und Zuzugortes zu melden,

b) Vorsorge zu treffen, dass Mitteilungen der Wehrersatzbehörden mich unverzüglich erreichen,

c) auf Aufforderung der zuständigen Wehrersatzbehörde mich persönlich zu melden,

d) im Bereitschafts- und Verteidigungsfall auf entsprechende Anordnung der Bundesregierung unverzüglich zurückzukehren, wenn ich mich außerhalb des Geltungsbereichs des Wehrpflichtgesetzes aufhalte,

e) die Absicht, meinem ständigen Aufenthaltsort länger als  8 Wochen fernzubleiben dem zuständigen Kreiswehrersatzamt unverzüglich schriftlich oder mündlich zu melden,

f) den vorzeitigen Wegfall der Voraussetzungen für eine Zurückstellung und den Abschluss und einen Wechsel ihrer beruflichen Ausbildung sowie einen Wechsel ihres Berufes dem Kreiswehrersatzamt ebenfalls mitzuteilen.

Ein Zuwiderhandeln konnte damals im Rahmen eines Bußgeldverfahrens, wenn sie vorsätzlich begangen wurde, mit einer Geldbuße bis zu eintausend DM und wenn sie fahrlässig begangen wurde, mit einer Geldstrafe bis zu dreihundert DM geahndet werden.

## 3.2 Eignungs- und Verwendungsprüfung (EVP)

Vom Kreiswehrersatzamt Freiburg erhielt ich die Ladung zur Eignungsprüfung, denn nach den Vorschriften der §§ 3 Abs. 1 Satz 2 und 20a des Wehrpflichtgesetzes „sind Sie verpflichtet, sich vor ihrer Einberufung zum Wehrdienst auf die Eignung für bestimmte Verwendungen prüfen zu lassen." Ich sollte mich deshalb am 13. Mai 1969 in Rastatt in der Militärstraße 4 zur Eignungsprüfung vorstellen. Der Straßenname passte haargenau zur Eignung für das Militär und zur Institution Bundeswehr. Da dieser Überprüfung ein zeitlich genauer Prüfplan zugrunde lag, wurde ein pünktliches Erscheinen für unbedingt erforderlich gehalten, und es wurde empfohlen, „Kaltverpflegung" mitzubringen. Ungefähr 20 bis 30 junge Männer, die alle Schüler an Gymnasien waren, saßen wie bei einer Klassenarbeit in einem Raum und erwarteten die Aufgaben. Zu allererst mussten wir Prüflinge innerhalb von 10 Minuten zu verschiedenen vorgegebenen Themen einen Kurz-Aufsatz schreiben. Ich wählte dabei das Thema „Was würden Sie tun, wenn Sie mehr Zeit hätten?" Voller Offenheit bekannte ich in meinen Ausführungen, dass ich mich dann noch mehr und besser über die Kriegsdienstverweigerung und den Bundeswehrdienst informieren würde. Danach wurden gewisse Bestandteile der Intelligenz getestet, in dem sprachliche Kompetenzen überprüft wurden (Rechtschreibtest und Wortverständnistest). Anschließend wurden ein Rechentest, ein Raumvorstellungstest, Figurendenktest und Zahlenumkehrtest durchgeführt. Die bisher angeführten Prüfungsteile lehnten sich weitgehend an einzelne Untertests von Intelligenztests an. Die weiteren Testreihen wie mechanischer Test, Kraftfahrzeugtest, elektrotechnischer Kenntnistest, Funktest und zuletzt eine Reaktionsprüfung dienten eher der Feststellung von militärspezifischen Fähigkeiten. Fast alle Teilnehmer strengten sich wie bei einer Klassenarbeit an, um bei den 10 Tests ein gutes Ergebnis zu erzielen. Sie bewiesen damit auch, dass sie hier die individuelle Fähigkeit, Anforderungen von Seiten der anwesenden zivilen Bundeswehrangestellten zu befolgen, problem- und kritiklos nachkamen. Ich selbst nahm diese „Testerei" nicht so ernst, so dass ich auch von einem aufsichtsführenden BW-Angestellten zu einer besseren Mitarbeit ermahnt wurde. Meine mangelnde Motivation kam dann auch durch meinen für einen angehenden Abiturienten schlechten Notenschnitt von 3,5 zum Ausdruck.

## 3.3 Begründung meines KDV-Antrags

Am 9. Januar 1970 teilte mir das Kreiswehrersatzamt Offenburg den Eingang meines Antrags vom 10. Dezember 1969 mit und informierte mich darüber, dass ich vom zuständigen Prüfungsausschuss für Kriegsdienstverweigerer beim Kreiswehrersatzamt Freiburg eine weitere Nachricht erhalten würde. Einige Wochen später erhielt ich vom Prüfungsausschuss das folgende Schreiben:

Betr.: Anerkennung als Kriegsdienstverweigerer

Vorg.: Ihr Antrag vom 10.12.1969

Sehr geehrter Herr Metzinger,

Ihr Antrag auf Anerkennung als Kriegsdienstverweigerer ist zuständigkeitshalber dem Prüfungsausschuss für Kriegsdienstverweigerer zugeleitet worden.

Zur Vorbereitung der Entscheidung ist es erforderlich, den Antrag näher zu begründen und in verschiedenen Punkten zu ergänzen. Da nach § 26 Abs. 4 des Wehrpflichtgesetzes bei der Entscheidung die gesamte Persönlichkeit des Antragstellers und sein sittliches Verhalten zu berücksichtigen sind, liegt es ihn Ihrem Interesse, den Antrag durch solche Angaben zu ergänzen, die geeignet sind, den Ausschuss ein möglichst umfassendes Bild über Ihre Person zu vermitteln.

Folgende Anregungen bitte ich zu berücksichtigen:

1) Lückenloser Lebenslauf mit Angaben von Alter und Geschlecht etwaiger Geschwister, der Schulbildung und des sonstigen bisherigen Werdeganges mit genauer Bezeichnung der besuchten Schulen, anderer Lehr- und Ausbildungsstätten und etwaiger Arbeitgeber,
2) religiöse, weltanschauliche und sonstige geistige Einstellung,
3) besondere Interessen,
4) Zugehörigkeit zu Organisationen, insbesondere solchen, die für die Kriegsdienstverweigerung eintreten,
5) nähere Darlegung der Gewissensgründe, die zur Kriegsdienstverweigerung veranlassen,
6) Benennung von zwei Zeugen (mit genauen Anschriften), die über Ihre Persönlichkeit, Ihr bisheriges sittliches Verhalten, Ihre religiöse und weltanschauliche Einstellung und Ihre Haltung zu den Fragen des Wehrdienstes Auskunft geben können.

In den darauf folgenden Tagen beschäftigte ich mich intensiv mit folgenden Fragen:

- Was sagt mir mein Gewissen? Welche grundlegenden Werte vertrete ich? Nach welchen Prinzipien richtet sich mein Verhalten aus?
- Was geschieht überhaupt im Krieg? Welches Wissen habe ich über den Krieg?
- Wie müsste ich in einem Verteidigungskrieg handeln? Wie stehe ich zu einem Verteidigungskrieg?
- Was bedeutet es, einen Menschen zu töten?
- Kann ich als Soldat in einem Krieg meinem Gewissen folgen? Habe ich im Krieg noch andere Handlungsalternativen, um meinem Gewissen entsprechend zu handeln?
- Wodurch werde ich im Krieg gezwungen zu töten?
- Warum will ich keinen Wehrdienst leisten?

Zudem setzte ich mit den Aufgaben der Bundeswehr, der Notwendigkeit der Wehrpflicht und den Inhalten sowie der Praxis der Bundeswehrausbildung als Voraussetzung für den Kriegseinsatz auseinander. Dabei halfen mir Materialien, die ich von ehemaligen Bundeswehrsoldaten erhielt, wie z. B. die Zentrale Dienstvorschrift „ZDv 3/11" (eine interne übergeordnete Dienstvorschrift des Verteidigungsministeriums, die für alle Soldaten verbindlich ist):

„Sturm und Einbruch"

2013. Der günstigste Zeitpunkt für den Einbruch liegt kurz nach den letzten Einschlägen des Unterstützungsfeuers. Feindliches Sperrfeuer ist feindwärts zu unterlaufen.

2015. Wenn die Soldaten sich in einer letzten Deckung von dem Feind auf den Sturm vorbereiten können, führen sie dort ein volles Magazin in ihre Handwaffen ein, halten die Nahkampfmittel griffbereit und stecken den Klappspaten als Nahkampfwaffe mit aufgeklapptem Ballt in das Koppel.

2016. Auf Kommando oder Zeichen des Gruppenführers oder seinem Beispiel folgend, brechen die Soldaten aus der Deckung hervor und überwinden unter Aufbietung aller Kräfte und aus allen Rohren feuernd im Sturmlauf den Raum bis zur feindlichen Stellung. Während des Sturmlaufs bekämpft der Soldat den Feind mit Schnellschuss, Sturm- und Deutschschießen.

2017. Unter anhaltendem Hurra-Rufen stürzen sich die Soldaten in die feindliche Stellung und brechen, vor allem mit Feuer, den Widerstand.

2022. Weicht der Feind aus, überfallen ihn die Soldaten mit Feuer und bleibt ihm auf den Fersen.

ZDv 3/12 (Schießausbildung mit Pistole und Maschinenpistole)

1. Allgemeines
2. Der Pistolenschütze muss seine Gegner, die auf nächste Entfernung und oft  überraschend auftauchen, kampfunfähig machen, bevor diese zum Schuss kommen.
Ein oder mehrere in kürzester Zeit erzielte Treffer sind daher das Ziel der Schießausbildung.
3. Mit der Pistole werden immer gezielte Schüsse abgegeben. Der Haltepunkt ist im Allgemeinen „Zielmitte".
4. Schulschießen
20. Die erste Übung soll den Schützen an das Bekämpfen mehrerer feststehender Ziele und die zweite an das Bekämpfen eines nur kurze Zeit sichtbaren Zieles gewöhnen.
 B. Schießausbildung mit Maschinenpistole (MP)
36. Ziel der Ausbildung an dieser Waffe ist das schnelle, treffsichere Schießen auf Nahkampfentfernungen.
39. Auf nächste Entfernung und dicht nebeneinander erscheinende Ziele werden aus Hüftanschlag bekämpft. Hierbei wird das Feuer der MP ohne Unterbrechung (langer Feuerstoß) über die gesamte Breite des Zieles hinweggezogen.


Die Formulierungen der vorgestellten Dienstvorschriften verdeutlichen, dass ich als Wehrpflichtiger auf das organisierte Töten unschuldiger Menschen hin ausgebildet werde. Die Anordnungen verpflichten den Soldaten, dass er seinen Aggressionen freien Lauf lässt, „feindliche" Menschen missachtet, seine Tötungshemmung überwindet und z. B. im Nahkampf mit dem aufgesetzten Spaten brutal erschlägt. Dies soll dann auch noch mit aufmunternden bzw. angsteinflößenden „Hurra-Rufen" begleitet werden, um sich selbst Mut zu machen und dem Feind Angst einzujagen. Der „feindliche" Soldat wird in diesem Vokabular als „Ziel" entpersonalisiert und damit zu einem quasi unerwünschten Objekt degradiert, was seine Tötung erleichtern soll. Das gewählte Vokabular erinnert einem fast eher an eine Art Ungezieferbekämpfung.  Nach diesen

Vorgaben der Bundeswehr soll ein Wehrpflichtiger also dafür präpariert werden, dass er im Ernstfall auf Befehl fähig ist, andere junge Männer nach antrainierten Fertigkeiten zu töten. Wenn nach dem eingeübten Gehorsam gegenüber den Befehlen der Vorgesetzten der Soldat als Mitläufer widerspruchslos funktioniert, ist er ihm Rahmen seiner Sozialisation in „kasernierter Vergesellschaftung" ein brauchbarer Erfüllungsgehilfe. Diese militärische Erziehung und Ausbildung für den Krieg konnte ich nicht vor meinem Gewissen rechtfertigen. Wenn ich bei der Bundeswehr auf die Tötung eines Menschen vorbereitet werde, kann ich mich nur zu meiner Entscheidung bekennen, den Kriegsdienst zu verweigern.  Neben der Sammlung von Informationen über die Ausbildung bei der Bundeswehr führte ich Gespräche mit meinen Eltern und Geschwistern über deren Kriegserlebnisse und diskutierte mit Freunden und Klassenkameraden. Aus allen Informationen, meinen eigenen Erfahrungen und Empfindungen versuchte ich nun meinen Lebensweg und Entwicklungsgang zu reflektieren und zu rekonstruieren, damit ich durch diese Besinnung meine persönlichen Verweigerungsgründe klären konnte. Ich hoffte, dass ich mir damit eine brauchbare Grundlage beschaffte, was in meinem Leben zu meiner Gewissensentscheidung geführt hatte. Dieser Prozess hatte für die schriftliche Fixierung meiner Motive eine wichtige Funktion, denn so wurde ich nochmal gezwungen, meine Entscheidung und Situation gründlich zu reflektieren. Außerdem wurde meine Argumentation gefestigt, wodurch ich auch meine Schwerpunkte besser erkennen konnte. Zudem konnte ich für meine mündliche Argumentation vor dem Prüfungsausschuss auf meiner Begründung aufbauen und mich dadurch gezielter vorbereiten.

Mit Datum vom 12. März 1970 schrieb ich dann die beiden folgenden Schriftstücke (Begründung und Lebenslauf).

*1.* Kindheitseindrücke

Als einziger meiner Familie habe ich die schrecklichen Ereignisse des Zweiten Weltkrieges nicht miterlebt. Meine Eltern sowie meine vier viel älteren Geschwister haben mir in meiner Kindheit häufig von ihren traurigen Erfahrungen berichtet. Meine Mutter sagte mir, dass es niemals mehr Krieg geben dürfe, und ich sollte doch froh sein, dass ich die Schrecknisse dieses Krieges nicht zu sehen und zu erleben brauchte. Die Erzählungen meiner Eltern und Geschwister handelten von Bombenangriffen auf unseren Ort, währenddessen meine Mutter mit meinen Geschwistern im Keller saß. Dabei war einmal eine Bombe in unseren Garten niedergegangen. Ebenso berichteten meine Mutter und mein jüngster Bruder von Tieffliegerangriffen, die sie miterleben mussten. Auch mein Vater berichtete von seinen Erlebnissen im Krieg, und er wies daraufhin, dass er obwohl er drei Jahre Soldat im Krieg gewesen sei, keinen einzigen Menschen getötet hat. Er sagte, dass er froh darüber sei, denn er hätte keinen Menschen töten können. Als ich 1955 gemeinsam mit meinen Eltern meinen ältesten Bruder in Pforzheim besuchte, haben die damals noch vorhandenen vielen Bombenkrater, zerstörten Häuser und Kirchen bei mir ein bedrückendes Gefühl der Angst und Bedrohung hinterlassen. Dieser kindliche Eindruck im Alter von fünf Jahren war bei mir so stark, dass ich mich auch heute noch gut daran erinnern kann.


## 2. Erziehung

Ich wuchs in einer Umwelt auf, die maßgeblich durch eine christliche Lebenseinstellung und Lebensführung gekennzeichnet war. Von meinen Eltern wurde ich in einem demokratischen und christlich geprägten Erziehungsstil erzogen. Meine Erziehung war einerseits durch eine Respektierung jeglicher menschlicher sowie tierischer Kreatur und andererseits durch ein sehr vertrauensvolles Verhältnis zu meinen Eltern bestimmt. Sehr wichtig für meine Entwicklung war das Vorbild meiner Eltern, insbesondere das meiner Mutter, denn sie zeichnete sich durch eine gutmütige und friedensliebende Haltung aus. Sie unterstützen meinen Antrag auf Kriegsdienstverweigerung und wären froh, wenn ich anerkannt würde.

3. Eindrücke und Einflüsse, die mich zur Kriegsdienstverweigerung veranlassten

Im Zeitraum zwischen meiner Musterung und der Eignungs- und Verwendungsprüfung sowie der KDV-Antragstellung beschäftigte ich mich intensiv mit Kriegs- und Antikriegsliteratur. Außerdem unterhielt ich mich mit Freunden, Eltern, Bundeswehrsoldaten und ehemaligen Soldaten über das Thema Kriegsdienstverweigerung. Einen sehr tiefen Eindruck auf meine Gewissensentscheidung hinterließ der Film „Die Brücke", wo ich mich in die Situation der Jugendlichen hinein versetzen konnte. Das Lesen des Buches von B. Russell und J. P. Sartre „Das Vietnam-Tribunal II oder die Verurteilung Amerikas" hat mir wichtige Erkenntnisse vermittelt, die mich so bewegten, dass ich den Kriegsdienst verweigern müsse, weil ich es mit meinem Gewissen nicht vereinbaren kann, Kriegsdienst zu leisten.

4. Humanitär-ethische Grundlagen meiner Kriegsdienstverweigerung

Meine Gewissensentscheidung richtet sich zunächst gegen das eigene Töten müssen in einem Krieg. Ich verweigere den Dienst mit der Waffe, weil ich nicht imstande bin, einen anderen Menschen zu töten. Ich könnte es mit meinem Gewissen nicht in Einklang bringen, wenn ich einen „feindlichen Soldaten" – einen Menschen wie Du und Ich – umgebracht hätte. Ich kann es auf Grund meines heutigen Bewusstseins nicht vor mir selbst verantworten, Kriegsdienst zu leisten, da ich erkannt habe, dass der Krieg etwas absolut Böses ist, da ich als Soldat gezwungen werde, etwas zu tun, was unmoralisch und verwerflich ist. Was mich zusätzlich daran hindern würde, wäre mehr als eine instinktive Abscheu vor der Tötung oder Mitwirkung an der Tötung von Menschen: Es wäre das Bewusstsein, schuldig zu sein am Tode eines Menschen, und das würde mich in meiner ganzen Person treffen. Ich hätte fortan vor meinem Gewissen keine Ruhe. Tötung eines Menschen würde für mich ein Trauma bedeuten, da ich wider meine Überzeugung handeln müsste. Mein Gewissen lehnt auch jegliche Beteiligung an jeder Waffenanwendung zwischen Staaten ab, denn in jedem Krieg kommt es zu einem sinnlosen Töten von vielen Menschen, auf der einen wie auf der anderen Seite. Seit 3 600 vor Christus bis 1960 fanden 14 513 Kriege statt. Dabei kamen nach Schätzungen drei Milliarden und 64 Millionen Menschen ums Leben. Nur 292 dieser 5 600 Jahre waren ohne Krieg. Von 650 vor Christus bis heute zählten die Historiker 1 656 Versuche, durch Wettrüsten den Frieden zu bewahren. Dieses führte 1 640-mal zum Krieg. In den anderen Fällen zum wirtschaftlichen Ruin der Beteiligten (vgl. Norwegische Akademie der Wissenschaften). Ein Mitwirken an einem solchen millionenfachen Töten kann mein Gewissen nicht zulassen. Ich würde mich mitschuldig fühlen am Tode meiner Mitmenschen, die ihr Leben ebenso lieben wie ich das meine. Meine Haltung zum Leben der Mitmenschen erwächst aus dem Bewusstsein der Ehrfurcht vor dem menschlichen Leben, der Gleichheit aller Menschen und ihres Rechtes auf eine friedliche und ungestörte Entwicklung. Echte Menschlichkeit und wirkliche Menschenliebe verlangen die Respektierung der Menschenwürde des anderen, auch des Gegners. Der humanen Einstellung, dass der Mitmensch der „Nächste" mein Bruder ist, dessen Leben erhalten bleiben muss, fühle ich mich verpflichtet. Für mich gilt es das Leben zu erhalten und zu schützen, sowie dem Menschen in seiner Not zu helfen. Die von mir vertretenen Prinzipien, die einen Kriegsdienst vor meinem Gewissen nicht zulassen, sind für mein gesamtes Leben maßgeblich und sind für mich als unbedingt bindend und verpflichtend anzusehen. Mein bisheriges Leben hat mir gezeigt, dass ich in bestimmten Konfliktsituationen, in denen ich schon war (z.B. Provokationen gegen mich in meinem Heimatort), danach gehandelt habe.

5. Lebenslauf

Ich wurde am 24. Juni 1950 als jüngster Sohn des Kraftfahrers Johann Metzinger und seiner Ehefrau Sofie, geb. Dinger, in Bühl geboren. Ich habe noch vier ältere Geschwister.

Von 1957 bis 1965 besuchte ich die Volksschule in Ottersweier. 1965 wechselte ich auf die dreijährige Höhere Handelsschule in Bühl, wo ich im Sommer 1967 die Abschlussprüfung für die Mittlere Reife bestand. Im September 1967 wurde ich Schüler des Wirtschaftsgymnasiums in Rastatt.

Ich bin katholisch und stamme aus einer im christlichen Glauben geprägten Familie. Viereinhalb Jahre war ich Oberministrant der katholischen Pfarrei St. Johannes in Ottersweier. Meine besonderen Interessen sind: Musik, Literatur, Politik, Sport und Jugendarbeit.

Dem Zivildienst stehe ich positiv gegenüber, weil ich ihn für eine sehr sinnvolle Tätigkeit halte, und er einen gewissen Beitrag zur Friedensarbeit leistet und zudem eine soziale Hilfe für bedürftige Menschen anbietet.

Als Zeugen benannte ich meinen langjährigen Freund Reinhard Seiler und den Pfarrer der katholischen St. Johannesgemeinde Franz Oswald, der mich sowohl aus dem Religionsunterricht als auch seit meinem 9. Lebensjahr als Ministrant kannte. Beide sollten über meine Persönlichkeit, insbesondere über meinen Charakter und meine Glaubwürdigkeit, eine Art Leumundszeugnis verfassen. R. S. schrieb am 6. April 1970 an den Prüfungsausschuss:

Hier ist nun die Beantwortung Ihrer Fragen.

1)Herr Adalbert Metzinger ist mir seit dem ersten Schultag bekannt.

2) Adalbert und ich haben ein gutes kameradschaftliches Verhältnis, das auf gleichen Erlebnissen, Problemen und Aufgaben aufgebaut ist. Ich bin mit ihm weder verwandt noch verschwägert.

3) Solange ich mit ihm zur Schule ging, zeigte er sehr gute Leistungen, auch seine Zeugnisse der später besuchten Schulen weisen auf gute Leistungen hin. Er besuchte zuerst acht Jahre lang die Volksschule und dann die dreijährige Höhere Handelsschule. Dann trat er in das Wirtschafts-

gymnasium Rastatt ein, wo er im März dieses Jahres den schriftlichen Teil des Abiturs ablegte.

Seine Erziehung, Weltanschauung und sein Charakter lassen kein unsittliches Verhalten zu.

In der Jugendarbeit hat er gezeigt, dass er einen starken Charakter hat, wobei ich damit nicht gesagt haben will, dass er stur oder starrköpfig ist. Es wäre übertrioeben, wenn ich sagen würde, er hätte nur gute Eigenschaften. Doch will ich behaupten, dass er seine Fehler kennt und sich dementsprechend verhält. Er genoss eine gute und gründliche Erziehung. Seine Eltern und Geschwister sind angesehene Leute im Ort und haben einen guten Leumund. Er ist durch ein humanes und soziales Handeln geprägter Mensch.

4) Er hat mit mir öfters über die Probleme der Kriegsdienstverweigerung gesprochen. Er hat gesagt, dass er den Kriegsdienst aus Gewissensgründen verweigern will.


## 3.4 Prüfungsausschuss


Nachdem ich seit der Abgabe meiner Begründung im März 1970 keinerlei Nachricht über meine bevorstehende Verhandlung vor dem Prüfungsausschuss erhalten hatte, schrieb ich am 2. September 1970 an das Kreiswehrersatzamt Freiburg und bat „höflich, mein Verfahren zu beschleunigen, und wenn es Ihnen möglich ist, mich noch in diesem Monat vor den Prüfungsausschuss zu laden." Mir war bewusst, dass es über den zeitlichen Abstand zwischen Antragstellung und der Verhandlung vor dem Prüfungsausschuss keine präzisen Regelungen gab. Aber da ich als Wehr-pflichtiger mit meinem KDV-Antrag nach der Musterung keine „aufschiebende Wirkung" hatte, musste ich nach meinem bestandenen Abitur eine baldige Einberufung zur Bundeswehr erwarten. Mit einem Schreiben vom 29. September 1970 antwortete mir der Prüfungsausschuss beim Kreiswehrersatzamt Freiburg: „In Bezug auf Ihre o.a. Schreiben kann ich Ihnen nur mitteilen, dass Ihr Antrag auf Anerkennung als Kriegsdienstverweigerer frühestens im November 1970 verhandelt werden kann. Momentan werden bei uns Anträge von Soldaten und Einberufenen vorrangig und ausschließlich behandelt. Ihr Wunsch wird, wenn irgend möglich, natürlich berücksichtigt." Meine Wunschvorstellung sah so aus, dass ich nach dem Abitur vor dem Prüfungsaus-schuss meine Anerkennung als Kriegsdienstverweigerer erhalte und noch im Herbst 1970 mit dem Zivildienst beginnen kann. In Wirklichkeit konnte ich diese Idealvorstellung jetzt aber nicht mehr verwirklichen. Aufgrund der unklaren Situation entschloss ich mich daher um einen Studienplatz zu bewerben, den ich dann auch ab dem 15. Oktober 1970 an der Universität Konstanz erhielt. Nach dem Beginn meines Studiums und dem Umzug nach Konstanz erhielt ich  vom Prüfungsausschuss die Ladung zu meiner Verhandlung am 26. November 1970 im Kreiswehrersatzamt Offenburg:

Sehr geehrter Herr Metzinger,

Sie werden hiermit zur mündlichen Verhandlung über Ihren Antrag auf Anerkennung als Kriegsdienstverweigerer vor den Prüfungsausschuss für Kriegsdienstverweigerer geladen.

Die Verhandlung findet statt am 26. November 1970 um 9.00 Uhr im Kreiswehrersatzamt Offen-burg, Hauptstraße 34c.

Bei unentschuldigtem Fernbleiben kann über Ihren Antrag nach Aktenlage entschieden werden.

Fahrkosten werden nur für die Fahrt von der in dieser Ladung angegebenen Anschrift zum Verhandlungsort und zurück erstattet.

Der Personalausweis ist mitzubringen.

Als ich am 26. November 1970 nach einer Anfahrt mit öffentlichen Verkehrsmitteln das Kreiswehrersatzamt Offenburg betrat, fühlte ich mich doch recht angespannt. Vor dem Sitzungszimmer begrüßte mich der Vorsitzende des Prüfungsausschusses und stellte sich mir mit seinem

Namen Freiherr Marschall von Bieberstein vor. Als ich diesen Namen hörte, brachte ich ihn sofort mit der Bezeichnung des höchsten militärischen Ranges „Feldmarschall" in Verbindung und dachte mir dabei, dass dies wohl kein gutes Omen für mich bedeutet. Der „Marschall" führte mich dann in den Sitzungsraum, wo ich meine Identität mit dem Personalausweis belegten musste.

Vorsitzender: „Wir treten jetzt ein in die Verhandlung vor dem Prüfungsausschuss für Kriegsdienstverweigerer. Erschienen ist dazu Herr M. Es sind hier als Beisitzer erschienen:  Regierungsamtmann Zickwolf (Freiburg), Landwirtschaftsschulrat Fellhauer(Gengenbach) und der Kaufm. Angestellte Lienert (Zell-Weierbach).

Wie die Beisitzer zu ihrem Amt kommen, regelt § 33 Abs. 6 des Wehrpflichtgesetzes:

• „Die ehrenamtlichen Beisitzer in den Musterungs- und Prüfungskammern werden von den durch Rechtsverordnung der Landesregierung bestimmten Beschlussorganen der im Bereich der Musterungs- und Prüfungskammern gelegenen kreisfreien Städte und Land-kreise binnen drei Monaten nach Mitteilung der erforderlichen Zahl der Beisitzer gewählt."

• § 4 Abs. 3  der Musterungsverordnung bestimmt ergänzend: „Zu Beisitzern können nur Deutsche gewählt werden. Soldaten und Personen, deren Berechtigung, den Kriegsdienst mit der Waffe zu verweigern, festgestellt ist, dürfen nicht gewählt werden."

Während der Verhandlung wird ein Protokoll erstellt, wobei der Vorsitzende Äußerungen des Antragstellers dem Sinne nach – meist auf Band – diktiert. Da dieses Protokoll dem Antragsteller vom Prüfungsausschuss nicht unaufgefordert zugestellt wird, beantragte ich eine Abschrift des Protokolls.

„Die Sitzung wird vom Vorsitzenden eröffnet, welcher den wesentlichen Akteninhalt vorträgt. Anschließend wird der Antragsteller gehört. Er macht folgende Angaben:

## Zur Person und Vorgeschichte der Antragstellung

Ich studiere in Konstanz im ersten Semester im Hauptfach Erziehungswissenschaft, als Nebenfächer Psychologie und Soziologie. Ich will mich später auf Sozialarbeit und Sozialpädagogik spezialisieren. In Konstanz habe ich bisher noch keinen Anschluss an irgendwelche Gruppe gefunden. In der Politik, auch in der Hochschulpolitik bin ich nicht aktiv. Ich gehe nach wie vor regelmäßig zur Kirche. Zum Zeitpunkt meiner Musterung hatte ich noch nicht vor den Kriegsdienst zu verweigern. Ich hatte mich mit dem Problem des Wehr- und Kriegsdienstes nicht befasst. In der Zeit nach der Musterung habe ich mir dann die Frage überlegt und mich hierüber mit Bekannten, auch Bundeswehrsoldaten, und mit meinen Eltern unterhalten. Meine Eltern tolerieren meine Entscheidung. Die Berichte und Bilder von Kriegsverletzten in Vietnam haben mich sehr beeindruckt. Ich habe mit unserem Pfarrer in Ottersweier gesprochen, allerdings nicht über die grundsätzliche Frage der Berechtigung des Christen Wehrdienst zu leisten. In der Schule gab es keine anderen Kriegsdienstverweigerer, jedenfalls kannte ich keine. Ich habe mich auch nicht beraten lassen. Ich habe die Schrift „Kriegsdienstverweigerung heute" von Bredow gelesen und eine von der Kirche herausgegebene Schrift. Sie könnte von Pax Christi stammen.

## Zur Sache

Aus meinem Glauben heraus kann ich keinen Wehrdienst leisten. Ich lehne Krieg und Gewalt ab. Ich sehe das Leid des Krieges, ich kann es nicht mit meinem Gewissen vereinbaren selbst dazu beizutragen. Wenn ich mir die Millionen Kriegstoten vor Augen halte, könnte ich nicht einmal auf einen Pappkameraden schießen. Mit dem Geld das für die Rüstung ausgegeben wird, könnte der Hunger und das Elend in der Welt beseitigt werden. Papst Paul hat vom weltweiten Skandal des Wettrüstens gesprochen. Das primitivste sittliche Gesetz ist, dass man nicht töten darf. Ich kann mir nicht vorstellen, warum im Krieg erlaubt sein soll was im Frieden bestraft wird. Als Soldat müsste ich auf Menschen schießen, die mir nichts getan haben. Ich halte mir vor Augen, wie Kinder von

Napalmbomben getroffen werden. Ich muss den Mitmenschen helfen und nicht sie zerstören.

Auf Frage: Ich bin erst nach der Musterung aufgeklärt worden über die Voraussetzung der Kriegsdienstverweigerung. Ich habe aber das Töten schon immer abgelehnt.

Auf Fragen nach den Ausnahmen vom allgemeinen Tötungsverbot:

Im Falle der persönlichen Notwehr soll der Angegriffene den Angreifer wenn es geht nicht töten, sondern ihn nur kampfunfähig machen. Auf erneute Frage auf die Berechtigung der Tötung, zur Rettung des eigenen Lebens? Das ist schwer zu entscheiden, es hängt von vielen Faktoren ab. Der Angegriffene kann auch fliehen oder um Hilfe rufen. In diesem Fall würde der Angreifer Angst bekommen. Die Polizei würde eingreifen. Auf Frage: Die Polizei wäre berechtigt, wenn es keine anderen Möglichkeiten mehr gibt auch Schusswaffen zu gebrauchen. Das Gleiche gilt wenn Mitmenschen angegriffen werden und ihr Leben verteidigt werden müsste. Ich weiß allerdings nicht ob ich den Mut aufbringen würde zu schießen. Auf Frage nach der Berechtigung eines angegriffenen Volkes sich mit Waffen zu verteidigen? Ein Krieg wird immer verheerende Folgen haben, noch für die nachfolgenden Generationen. Man muss Kriege durch Verhandlungen vermeiden und versuchen sich zu einigen, wenn dennoch eine Aggression stattfinden sollte, soll man nicht Gewalt anwenden, sondern passiven Widerstand wie etwa Mahatma Gandhi. Das bedeutet u. a. die Kirchen sollten Stellung nehmen, Jugendgruppen trotz Verbot weiter arbeiten, der Gegner sollte gelehrt werden, dass man einem Volk nicht ein anderes System aufzwingen kann. Auf Vorhalt: Der Erfolg wird evtl. gering sein. Es kann auch sein, dass der Gegner etwas gegen diese Maßnahmen unternimmt.

Auf Frage nach dem richtigen und verantwortungsvollen Handeln einer Regierung gegen etwa eingedrungene Partisanen? Ich kann mir so etwas gar nicht vorstellen. Ich kann mir gar nicht denken, dass bei uns so etwas passieren kann. Auf erneute Frage: Man müsste die Partisanen ausschalten. Wenn es um das demokratische System geht und Aussicht auf Erfolg besteht, d. h. die Auswirkungen nicht zu groß sind, dürfte auch die Heimatschutztruppe eingesetzt werden.

Auf weitere Fragen: Ich habe mir zuerst eine Tätigkeit als Sanitäter vorgestellt, aber dann ist mir gesagt worden, dass man beim Roten Kreuz sein muss, auch müsste ich die Grundausbildung mitmachen. Es könnte doch sein, dass man einmal Kampfhandlungen mitmachen muss.

Wenn ich im Krieg auch nicht als Soldat angegriffen würde, würde ich mich vielleicht wehren, vielleicht aber auch fliehen. Widerstand hätte ja wenig Zweck, wenn der Gegner bewaffnet ist.

Die Zeugenaussagen wurden verlesen.“

### Anmerkungen

Der Vorsitzende des Prüfungsausschusses ist ein Beamter des Bundesministeriums für Verteidigung und leitet die Verhandlung. Aus diesem Grund übt er selbstverständlich einen erheblichen Einfluss auf die Verhandlungsführung und auch auf das Verhandlungsergebnis aus. Bei meinem Vorsitzenden handelte es bei Oberregierungsrat Sven Alexander Freiherr Marschall von Bieberstein um einen Sohn des bekannten NS-Funktionärs Wilhelm Freiherr Marschall von Bieberstein, der in einem Freikorps in Oberschlesien kämpfte, am Kapp-Putsch teilnahm und bereits 1923 in die NSDAP eintrat. Dieser Nazi der ersten Stunde war auch Teilnehmer des Hitlerputsches in München und 1931 Führer der badischen SA. Von 1930 bis 1933 war er als Nachrücker badischer Landtagsabgeordneter der NSDAP. Nach seinem Tod wurde er 1935 mit einem Staatsbegräbnis im Familiengrab in der Nähe von Freiburg in Neuershausen beigesetzt. Bis März 2014 zierte sein Grab ein Hakenkreuz. Nach Kritik von Opferverbänden hat die Familie Marschall von Bieberstein das Hakenkreuz abbrechen lassen: „Der Grabstein ist nun ohne Hakenkreuz“ (Stuttgarter Zeitung, 01. April 2014). Der Beamte Regierungsamtmann Zickwolf wurde von der Landesregierung benannt, und die beiden Beisitzer Fellhauer und Lienert wurden von Gemeindeparlamenten gewählt.

Bei Philipp Lienert handelte es sich um den damaligen CDU-Vorsitzenden von Zell-Weierbach und   dortigen Gemeinderat. Lienert (Geburtsjahr 1917) flog im Zweiten Weltkrieg die „Ju 52".

Problematisch ist bei diesem Protokoll, dass meine Äußerungen vom Vorsitzenden oft recht knapp und oberflächlich und z. T. auch willkürlich zusammengefasst wurden. Im Prinzip diktiert jeder Vorsitzende das Protokoll in einer Zusammenfassung nach speziellen und passenden Fragenkomplexen. Dadurch sind Aussageverdrehungen, Weglassen und Verfälschung an der Tagesordnung. Eine differenzierte und ausführliche Protokollierung einer Verhandlung von insgesamt drei Stunden müsste deshalb deutlich umfassender und präziser die sog. Gewissensprüfung auf-zeigen. Natürlich sollte ich als Antragsteller während der Verhandlung darauf achten, dass der Inhalt meiner Aussagen richtig wiedergegeben wird, und dass ich sofort falschen und verzerren-den Formulierungen widerspreche. Es wäre auch sicher sinnvoll gewesen, wenn ich speziell die gestellten Fragen und die darauf von mir gegebenen Antworten stichwortartig niedergeschrieben hätte, um die Protokollierung besser überprüfen zu können.

Nach geheimer Beratung und Abstimmung teilte mir der Ausschussvorsitzende mit, dass  die drei Beisitzer,  die allein Stimmrecht besitzen, sich entschieden, dass ich nicht berechtig bin, den Kriegsdienst mit der Waffe zu verweigern. Niedergeschlagen von dieser Entscheidung verließ ich den Sitzungsraum und ging zum Offenburger Bahnhof, von wo ich dann mit einem Bus der Deutschen Bundesbahn nach Hause zu meinen Eltern fuhr. Während der Busfahrt grübelte ich über die Ursachen meiner Ablehnung nach und überlegte, welche Fehler ich wohl gemacht habe und welche Konsequenzen sich daraus für mich ergeben können. Mich bedrückte besonders der Gedanke, dass ich nun mit einer Einberufung zur Bundeswehr rechnen musste. Ich fühlte mich richtig ausgequetscht von der dreistündigen Verhandlung, denn die Befragung durch das „Tribunal" des Vorsitzenden und seiner drei Beisitzer hatte eine Menge Anspannung, Reaktionsfähigkeit und gedankliche Anstrengung erfordert. Im Vergleich zu den mündlichen Prüfungen beim Abitur war diese Verhandlung von einer ganz anderen Form der psychischen und physischen Belastung was die Dauer, die Thematik, die Konzentrationsfähigkeit, der Umgangston und die Anzahl der „Prüfer" (drei Lehrer beim Abitur und vier beim Prüfungsausschuss) betraf.

# Bescheid

Auf den Antrag des Wehrpflichtigen

M e t z i n g e r                        Adalbert
(Name)                                (Vorname)

geb. am:  24. Juni 1950              in            Bühl

wohnhaft in:  7583  Otterweier                  Hauptstr. 31
(Ort)                              (Straße, Hausnummer)

vom  10.12.1969

auf Feststellung seiner Berechtigung, den Kriegsdienst mit der Waffe zu verweigern, hat der Prüfungsausschuß in

seiner Sitzung vom  26.11.70     in    Offenburg            , an der teilgenommen haben

als Vorsitzender:        Oberregierungsrat Frh.v.Marschall, Freiburg
als benannter Beisitzer:   Regierungsamtmann Zickwolf, Freiburg
als gewählter Beisitzer:   Landw.Schulrat Fellhauer, Gengenbach
als gewählter Beisitzer:   Kaufm. Angestellter Lienert, Zell-Weierbach

entschieden

1. Der Wehrpflichtige ist <u>nicht</u> berechtigt, den
   Kriegsdienst mit der Waffe zu verweigern.

2. Er hat daher nach Maßgabe des Wehrpflichtgesetzes Wehrdienst zu leisten.

3. Die Entscheidung ergeht kostenfrei.

## Entscheidungsgründe

I.

Durch Musterungsbescheid vom 07.03.1969 erhielt der Antragsteller den Tauglichkeitsgrad „tauglich" und wurde der Ersatzreserve I zugewiesen. Er wurde s. Zt. auf Antrag bis zum 30.06.1970 vom Wehrdienst zurückgestellt, um seine Schulausbildung abschließen zu können.

Am 10.12.1969 beantragte Herr Metzinger seine Anerkennung als Kriegsdienstverweigerer. Er begründete seinen Antrag in einem Schreiben vom 12.03.1970 und in der mündlichen Verhandlung vor dem Prüfungsausschuss.

Im Wesentlichen trug er folgendes vor:

Er verweigere den Kriegsdienst einmal aus religiösen Gründen, weil der Wehr- und Kriegsdienst dem 5. Gebot und dem Grundsatz der Feindesliebe widerspreche und ferner aus moralisch-ethischen Gründen. Man müsse Ehrfurcht vor dem Leben haben; schließlich seien auch rationale Gründe maßgebend, der modere Krieg sei sinnlos, da die Vernichtung der Menschheit drohe.

In der mündlichen Verhandlung vor dem Prüfungsausschuss trag der Antragsteller ergänzend vor, er könne aus seinem Glauben heraus keinen Wehrdienst leisten; mit dem Geld, das für die Rüstung ausgegeben wird, könne man Hunger und Elend in der Welt beseitigen; man müsse den Mitmenschen helfen und nicht sie zerstören. Schließlich erklärte der Antragsteller, er habe sich zum Zeitpunkt seiner Musterung mit dem Problem des Wehr- und Kriegsdienstes nicht befasst; er habe daher s. Zt. auch noch nicht vorgehabt, den Kriegsdienst zu verweigern. In der Zeit nach der Musterung habe er sich dann die Fragen überlegt und sich hierüber mit Bekannten, auch Bundeswehrsoldaten, und seinen Eltern unterhalten. Die Berichte und Bilder von den Kriegsschauplätzen in Vietnam hätten ihn sehr beeindruckt. Er habe dann auch verschiedene Schriften zur Kriegsdienstverweigerung gelesen.

Wegen der Einzelheiten des Vorbringens wird auf den Akteninhalt, insbesondere die Sitzungsniederschrift, Bezug genommen.

II.

Der zulässige Antrag ist nicht begründet.

Der Antragsteller ist nicht Kriegsdienstverweigerer aus Gewissensgründen im Sinne von Art. 4 Abs. 3 des Grundgesetzes in Verbindung mit § 25 Wehrpflichtgesetz. Er vermochte nämlich den Prüfungsausschuss nicht davon zu überzeugen, dass er eine Gewissensentscheidung, das ist eine erste, sittliche Entscheidung gegen das Töten müssen im Kriege getroffen hat.

Bedenken gegen die behauptete Gewissensentscheidung ergaben sich zunächst aus der Tatsache, dass der Antragsteller, obwohl er aktiv am kirchlichen Leben teilnimmt und eine enge Bin-dung zur Religion hat, erst geraume Zeit nach der Musterung den KDV-Antrag gestellt hat. Der Prüfungsausschuss konnte sich schwer vorstellen, dass der Antragsteller, der offenbar bei der Erfassung und auch bei der Musterung die Ableistung des Wehrdienstes sehr wohl mit den Geboten der Religion zu vereinbaren wusste, jetzt zu einer anderen Überzeugung gekommen ist. Dem Antragsteller waren auch die Berichte aus Vietnam und von den anderen Kriegsschauplätzen  schon seit längerem bekannt, ohne dass sie ihn früher zu dem jetzt begangenen Schritt veranlasst hätten. Der Prüfungsausschuss konnte die Möglichkeit nicht ausschließen, dass der Antragsteller, nachdem sich die Zurückstellungsfrist ihrem Ende näherte, sich zur Kriegsdienstverweigerung entschlossen hat, umso leichter sein Studium weiterführen zu können. Dieser Eindruck wurde dadurch verstärkt, dass der Antragsteller zwar gängige Thesen der organisierten Kriegsdienstgegner vorzutragen wusste, dass er sich aber nicht selbst ernsthaft mit den Problemen auseinandergesetzt hat, denen sich der Christ, wie jeder Mensch, gegensieht, angesichts der Gewalttätigkeiten in der Welt, im privaten Leben wie im Leben in der Gemeinschaft. Das wurde besonders deutlich bei der Erörterung der Frage, was gegenüber eingedrungenen Terroristen zu tun sei. Der Antragsteller versuchte alles, um der Beantwortung dieser Frage auszuweichen, statt sich mit ihr auseinanderzusetzen. Der Prüfungsausschuss glaubt dem Antragsteller gern, dass er ein friedliebender Mensch ist und auch von den Schrecknissen des Krieges beeindruckt wird. Diese Gefühle, die die meisten Menschen haben, ersetzen aber nicht eine Gewissensentscheidung als Ergebnis einer innerlichen, ernsthaften Auseinandersetzung mit der Frage der Berechtigung und Notwendigkeit des bewaffneten Widerstandes gegen unrechtmäßig ausgeübte Gewalt.

Der Antrag auf Anerkennung als Kriegsdienstverweigerer war daher abzulehnen.

Rechtsbehelfsbelehrung:

Gegen diesen Bescheid kann innerhalb einer Frist von 2 Wochen nach Zustellung schriftlich oder zur Niederschrift beim Prüfungsausschuss für Kriegsdienstverweigerer beim Kreiswehrersatzamt Freiburg, 78 Freiburg i. Br., Wiesentalstr. 10, Postanschrift: Heinrich-v.-Stephan-Str. 8, Widerspruch eingelegt werden.

Die Frist wird auch durch Einlegung des Widerspruchs bei der Prüfungskammer für Kriegsdienstverweigerer bei der Wehrbereichsverwaltung V – Außenstelle Karlsruhe – 75 Karlsruhe, Karlstr. 40, gewahrt.

Der Vorsitzende

gez. Frh. v. Marschall

(Oberregierungsrat)

Am 13. Dezember 1970 legte ich gegen diesen Bescheid schriftlich Widerspruch ein, worauf mir die Prüfungskammer für Kriegsdienstverweigerer bei der Wehrbereichsverwaltung V – Außen-stelle Karlsruhe – am 11. Januar 1971 antwortete:

Sehr geehrter Herr Metzinger!

Ich bestätige den Eingang Ihres Widerspruchsschreibens vom 13.12.1970, eingegangen am 15.12.1970, gegen den Bescheid des Prüfungsausschusses für Kriegsdienstverweigerer beim Kreiswehrersatzamt Freiburg vom 4.12.1970. Eine schriftliche Begründung des Widerspruches ist – soweit noch nicht geschehen – erwünscht. Die Ladung zur mündlichen Verhandlung vor der Prüfungskammer wird Ihnen zu gegebener Zeit zugestellt werden.

Meine Begründung des Widerspruchs reichte ich am 25. Januar 1971 nach:

In Bezugnahme auf Ihr Schreiben vom 11.1.1971 möchte ich den Widerspruch kurz schriftlich begründen.

1. Ich bin immer noch von meiner Entscheidung, den Kriegsdienst zu verweigern, überzeugt, und ich werde deshalb alles versuchen, anerkannt zu werden.

2. Ich kann mit der Begründung mit der mein Antrag abgelehnt wurde, nicht einverstanden sein. Nach meiner Ansicht hat es sich der Prüfungsausschuss etwas zu leicht gemacht, mich mit so allgemeinen Phrasen abzuweisen. Ich kann diese Begründung auf keinen Fall anerkennen. Außerdem musste ich tief betroffen feststellen, dass in dem Bescheid Sachen standen, die gar nicht in der Verhandlung besprochen wurde.

Der Prüfungsausschuss unterstellte mir jetzt unerwartet in dem Bescheid, dass ich eigentlich nur verweigere, um mein Studium weiterführen zu können. Ich finde es ungeheuerlich mir so eine nicht begründete Unterstellung zu unterschieben. Ich habe mich selbst um die Beschleunigung meines Verfahrens bemüht und zweimal an den Prüfungsausschuss Freiburg geschrieben, damit ich endlich meine Verhandlung bekomme (Wartezeit ein Jahr!). Ich wollte nämlich den Ersatzdienst auf jeden Fall vor dem Studium ableisten. Als ich aber bis Oktober 1970 von Freiburg immer noch keinen Termin erhalten hatte, beschloss ich mein Studium anzufangen, weil mir sonst keine Alternative blieb. Ich war aus diesem Grund noch vorher auf dem Kreiswehrersatzamt Offenburg, um die dortigen Personen um Rat zu fragen. Selbst sie rieten mir dazu, das Studium zu beginnen. Außerdem hatte ich den Antrag auf Kriegsdienstverweigerung schon 1969 gestellt, und es war mir zu jenem Zeitpunkt noch nicht klar, ob ich überhaupt studieren möchte. Deshalb wehre ich mich ganz entscheiden gegen eine solche Unterstellung.

Wie hätte ich mein Studium fortsetzen können, wenn ich zum Zeitpunkt meines KVD-Antrags noch Schüler am Wirtschaftsgymnasium war? Außerdem was nützt mir der Beginn meines Studiums im 1. Semester, da ich meinen KDV-Antrag erst nach der Musterung gestellt habe und deshalb ohne aufschiebende Wirkung jederzeit mit einer Einberufung zur Bundeswehr rechnen muss?

## 3.5 Fragen und Themen in den KDV-Prüfungsverfahren

Nach der für mich enttäuschenden Ablehnung meines KDV-Antrags war ich bestrebt, bei meinem 2. Versuch vor der Prüfungskammer besser abzuschneiden. Innerhalb der nächsten Wochen besorgte ich mir verschiedene Broschüren von der DFG-VK, um mich intensiv mit den Fragen und Themen in den Verhandlungen auseinanderzusetzen. Mir war aus den Erfahrungen meiner Verhandlung vor dem Prüfungsausschuss die Bedeutung dieser speziellen Fragen und deren Beantwortung klar geworden. Ich hoffte  durch die Beschäftigung mit dem umfangreichen Fragenkatalog noch mehr Orientierung und Hilfestellung zu erfahren und dadurch meinen eigenen Standpunkt zu festigen.

1.	Vorfragen

*	Wann und wie sind Sie zu der Überzeugung gekommen, den Kriegsdienst verweigern zu müssen?
*	Wann haben Sie angefangen, über diese Frage nachzudenken?

- Ist Ihr Vater im Krieg gewesen? Wie stellt er sich zur Bundeswehr? Was sagen Ihr Vater und Ihre Mutter zu Ihrer Entscheidung? Wie ist Ihr Verhältnis zu den Eltern?
- Wie ist die Einstellung Ihrer Freunde, Bekannten und Verwandten zu dieser Frage?
- Sind bestimmte Erlebnisse aus Ihrem Leben mitentscheidend gewesen?
- Haben Sie ein Vorbild?
- Sind Sie irgendwo in der Gesellschaft engagiert, gehören Sie einem Verband oder Verein an?
- Was verstehen Sie unter einer Gewissensentscheidung, wo haben Sie schon Gewissensentscheidungen gefällt?
- Was verstehen Sie unter Gewissen?
- Haben Sie auch mit Andersdenkenden gesprochen?
- Haben Sie den Antrag allein ausgearbeitet?
- Gehören Sie Organisationen an, die den Pazifismus vertreten oder sich sonst gegen den Wehrdienst stellen? Wenn ja, seit wann und welchen Organisationen?
- Der Wehrdienst ist aber nicht mit dem Töten verbunden. Warum wollen Sie diesen verweigern?
- Haben Sie Ihren Standpunkt auch schon gegenüber Dritten vertreten, wenn ja, bei welchen Gelegenheiten?
- Sind Sie für oder gegen die Todesstrafe? Warum?
- Würden Sie auch den Dienst bei der Polizei ablehnen?
- Was würden Sie tun, wenn es das Recht auf Kriegsdienstverweigerung nicht gäbe?
- Räumen Sie ein, dass Ihr Gewissen irren kann?
- Sind Sie der Meinung, dass ein Freiwilliger oder ein Offizier gewissenlos handelt?

2.      Religiöse Gründe

- Auf welche Quellen stützen Sie Ihre Entscheidung (Bibelstellen, kirchliche Lehrmeinungen)?
- Was hat das Gebot der Nächstenliebe mit Ihrer Entscheidung zu tun?
- Wissen Sie, dass das 5. Gebot eigentlich heißt: „Du sollst nicht morden"?
- Ein Bibelwort lautet: „Auge um Auge, Zahn um Zahn."
- Hat Christus nicht selbst gesagt, er sei gekommen, das Schwert zu bringen (Matth. 10,34)?
- Im Römerbrief  schrieb Paulus: „Jedermann sei untertan der Obrigkeit, die Gewalt über ihn hat, denn es ist keine Obrigkeit außer von Gott; wo aber Obrigkeit ist, diese von Gott verordnet" (Röm. 13,1).
- Es heißt: „Gebt dem Kaiser, was des Kaisers ist." Müssen Sie nicht für den Staat Soldat sein (Markus 12, 17)?
- Glauben Sie denn nicht, Soldaten wären auch Christen? Bilden Sie sich etwa ein, Bundeswehrangehörige hätten kein Gewissen?
- Was sagt die Kirche zur Kriegsdienstverweigerung?
- Können Sie zeigen, dass Sie es mit Ihrem Glauben ernst meinen (Gottesdienste, Gemeindearbeit, Jugendgruppen usw.)?


3.      Staatsbürgerliche Pflichten

- Sie nehmen die Rechte eines Bürgers in Anspruch, haben Sie nicht auch Pflichten gegenüber dem Staat?
- Welche Einstellung haben Sie zu unserem Staat?
- Sie haben die größten Vorteile vom Leben in der Gemeinschaft des Staates. Ist es nicht egoistisch, dass Sie das Vaterland nicht verteidigen wollen?
- Was halten Sie von der KDV als einem politischen Mittel zur Verunsicherung der Bundeswehr?

- Finden Sie nicht, dass durch Militär und Rüstung auch soziale Probleme gelöst werden können (Arbeitslosigkeit)?
- Von Ihren Steuern wird die Rüstung finanziert, dann dürften Sie aus Gewissensgründen keine Steuern zahlen.
- Sind Sie der Meinung, die Bundeswehr müsste abgeschafft werden? Wie sollte das geschehen?
- Sie genießen die Vorteile eines Staates. Warum wollen Sie den Staat, das Vaterland, den freien Westen, die Demokratie und die Kultur nicht verteidigen?

4.	Militär und Frieden

- Was halten Sie von dem alten Spruch: „Wenn Du den Frieden willst, rüste zum Krieg?“
- Würden Sie einen Staat mit Waffengewalt verteidigen, in dem die von Ihnen gewünschten politischen, sozialen und wirtschaftlichen Zustände bestehen?
- Wie sollen Ihrer Meinung nach zwischenstaatliche Probleme gelöst werden?
- Es mag ja sein, dass ein zukünftiger Krieg zu einem Massenmord wird, aber ist es nicht so, dass unsere gegenwärtige Sicherheitspolitik durch die Abschreckung je-den größeren Krieg verhindert?
- Die Bundeswehr will keinen Krieg. Sie können also beruhigt sei. Im Gegenteil: Sie ist ja nur gedacht, um einen Krieg zu verhindern.
- Wir alle sind gegen den Krieg und lieben den Frieden und gerade deshalb wollen wir, dass es Soldaten zum Schutz des Friedens gibt. Daher können Sie auch Soldat werden.
- Das „Gleichgewicht des Schreckens“ sichert den Frieden. Warum wollen Sie dann nicht Soldat werden, da Sie nicht zu befürchten brauchen, dass Sie einmal kämpfen müssen.

- Hat nicht die Besetzung der CSSR deutlich gezeigt, dass es die Bundeswehr ist, die uns im Rahmen der NATO vor einem Einmarsch schützt?
- Könnte nicht der Frieden im Konfliktfall am ehesten durch den Einsatz von Truppen der Organisation der Vereinten Nationen (UNO) gesichert werden?
- Wenn alle nationalen Streitkräfte abgeschafft würden und stattdessen eine UNO-Streitmacht aufgebaut würde, wären Sie dann bereit, in einer solchen UNO-Truppe für den Frieden zu kämpfen?
- Wann und wo haben Verhandlungen, die einen Krieg verhindern sollten, zum Erfolg geführt?
- Welche Maßnahmen soll ein Staat zum Schutz seiner Bürger und seines Landes im Kriegsfall unternehmen?
- Die Bundeswehr dient der Friedenserhaltung und der Kriegsverhinderung. Warum können Sie dann keinen Wehrdienst leisten?
- Einseitige Abrüstung würde unser Volk einer militärischen Besetzung durch den Nachbarn preisgeben. Können Sie das verantworten?

5.  Gewalt, Kriege und Soldatentum

- Wie stehen Sie grundsätzlich zur Gewaltanwendung?
- Wann ist für Sie die Anwendung von Gewalt legitim?
- Glauben Sie nicht auch, dass wir zwischen gerechtem und ungerechtem Krieg unterscheiden müssen? An einem gerechten Krieg würden Sie doch teilnehmen?
- Das Grundgesetz der Bundesrepublik verbietet den Angriffskrieg. Wenn es wirklich zum Krieg kommen sollte, dann kann es folglich nur ein (gerechter) Verteidigungskrieg sein. Warum wollen Sie dann nicht Soldat werden?
- Würden Sie auch den Kriegsdient in einem Krieg mit konventionellen Waffen verteidigen?
- Bezeichnen Sie alle Kriege der Geschichte als Verbrechen?

- Würden Sie auch zu Ihrer Kriegsdienstverweigerung stehen, wenn Ihnen dadurch Nachteile erwachsen würden?
- Würden Sie sich dafür an die Wand stellen lassen?
- Würden Sie notfalls auch bereit sein, illegale Mittel anzuwenden, um gegen den Krieg zu kämpfen?
- Sind in Ihren Augen alle Soldaten Mörder und handeln gewissenlos?
- Würden Sie im Krieg verletzten Soldaten helfen?
- Warum wollen Sie keinen Sanitätsdienst oder waffenlosen Dienst in der Bundeswehr leisten?
- Können Sie die Gewissensentscheidung eines Menschen zum Soldatenberuf bejahen?
- Würden Sie den Soldatenberuf allgemein bejahen?
- Was halten Sie von einem Mann der sich freiwillig zur Bundeswehr meldet?

6.  Verteidigung von Freiheit, Recht und Demokratie

- Die Welt ist nun mal nicht ideal, muss man sich nicht einsetzten für die Freiheit und das Leben der schutzlosen Frauen und Kinder? Ist es Ihnen da wichtiger, sich die Finger nicht schmutzig zu machen?
- Ist es nicht gewissenlos, wenn Sie es ablehnen, den Wehrdienst zu leisten, um in einem späteren Krieg – den Gott verhüten möge – Ihre Familie zu verteidigen? Wollen Sie Ihre Familie den Russen preisgeben?
- Schwächen Sie durch Ihre Kriegsdienstverweigerung nicht die Verteidigung der freien Welt (des christlichen Abendlandes) gegen den Bolschewismus? Sie handeln verantwortungslos, denn Sie versäumen Ihre Pflicht, die Volksgenossen (Ihre Angehörigen) zu schützen.
- Ist es nicht besser, wenige Menschen zu opfern, um das Leben vieler zu erhalten?
- Was halten Sie von dem Ausspruch: „Lieber rot als tot?"

- Halten Sie die Bundesrepublik für verteidigungswert?
- Wieso können Sie den Friedensdienst mit der Waffe verweigern, wenn Sie dadurch die Fähigkeit schmälern, abschreckend zu wirken. Sie untergraben die Wehrbereitschaft, wirken wehrkraftzersetzend und erhöhen die Kriegsgefahr. Wie stehen Sie dazu?
- Ist der Verteidigungskrieg nicht ein gerechter Krieg? Unterscheiden Sie zwischen einem gerechten und einem ungerechten Krieg?
- Würden Sie Ihr Vaterland und das Leben Ihrer Familienangehörigen nicht auch gegen den Angriff eines anderen Landes schützen wollen?
- Haben die Alliierten nicht recht gehandelt, dass sie einen Krieg gegen Hitler führten um ihn zu beseitigen?
- Halten Sie einen Staat für berechtigt, Vorbereitungen zur Verteidigung zu treffen


7. Kriegssituationen, Völkermord, Tyrannenmord, Notwehr

- Nehmen wir einmal an, ein Bomber überfliege gerade mit einer Last, die ausreicht  fünftausend Menschen zu töten, Ihre Heimatstadt. Sie haben die Möglichkeit ihn abzuschießen: Was tun Sie? Ich denke, Sie können aus Gewissensgründen nicht töten?
- Sie sehen wie ein feindlicher Soldat vor einem Gaskessel steht und wissen, wenn er schießt gehen 5 000 Zivilpersonen zugrunde. Sind Sie bereit den Mann notfalls zu erschießen, um das zu verhindern?
- Wenn Sie auf einer einsamen Straße von einem Räuber überfallen werden, würden Sie ihn mit Gewalt abwehren?
- Wenn dieser Ihr Leben bedroht, würden Sie ihn auch töten, wenn keine andere Möglichkeit mehr besteht?
- Wenn Ihr Vater so bedroht würde, was würden Sie tun? Wenn nun feststeht, dass ein völkerrechtlicher Angriff vorliegt, würden Sie dann ein Gewehr in die Hand nehmen?

- Sie erhalten den Befehl einen von feindlichen Soldaten besetzten Bunker zu sprengen, was machen Sie, wenn auf Verweigerung des Befehls erschießen droht?
- Was machen Sie, wenn Sie zu Geiselerschießungen kommandiert werden und im Fall der Verweigerung selbst erschossen werden?
- Sie sehen wie ein feindlicher Soldat ein Mädchen vergewaltigen will. Greifen sie bewaffnet oder sonst mit Gewalt ein?
- Sie kommen zufällig in ein Haus, das von feindlichen Soldaten belagert wird. Wenn Sie das MG auf der einen Hausseite nicht übernehmen, wird das Haus erobert werden. Machen Sie mit?
- Wie hätten Sie sich als wehrpflichtiger israelischer Staatsbürger in dem militärischen Konflikt 1967 verhalten?
- Sie gehen mit Ihrer Freundin im Park spazieren und haben zufällig eine Maschinenpistole dabei. Plötzlich werden Sie von fünf Russen überfallen, die Ihrer Freundin ein Leid antun wollen. Was tun Sie?
- Sie sind Unternehmer und erhalten einen Großauftrag von der Bundeswehr. Wenn Sie den Auftrag nicht annehmen, dann müssen Sie Konkurs anmelden und 5 000 Arbeiter werden arbeitslos. Was tun Sie?
- Ein feindlicher Soldat steht mit einer Panzerfaust vor einem Gaskessel. Wenn er schießt, sterben 50 000 Zivilisten. Sie haben die Möglichkeit, sich eine Schusswaffe zu besorgen. Wie verhalten Sie sich?
- Was würden Sie tun, wenn Sie in einem Krieg durch Töten eines einzigen Soldaten vielen Menschen das Leben retten könnten?
- Was würde in Ihnen vorgehen, wenn Sie gezwungenermaßen als Soldat an einem Krieg teilnehmen und schießen würden?
- Billigen Sie die Ermordung eines gefährlichen Diktators (z. B. Hitlers)?
- Wären Sie bereit, einen Diktator zu töten, wenn dadurch ein Krieg verhindert werden könnte oder wenn dadurch das Volk von der Diktatur befreit würde?
- Wie hätten Sie am 20. Juli 1944 gehandelt?

- Hat ein Volk, das durch Völkermord vernichtet werden soll, nicht ein Recht auf Verteidigung?
- Hat ein Volk, das durch ein anderes unterdrückt und ausgebeutet wird, nicht das Recht, sich durch einen Krieg zu befreien? (Partisanenkrieg)
- Würden Sie sich mit der Waffe verteidigen, wenn Sie angegriffen würden, oder jemand versuchte, Sie umzubringen? Würden Sie Ihre Mutter oder Ihre Braut nicht mit der Waffe gegen einen verbrecherischen Überfall schützen?
- Wenn ein Volk sich gegen einen ungerechten Angriff verteidigt, dann ist das berechtigte Notwehr, und diese ist nur militärisch möglich. Ist das nicht wesentlich dasselbe, wie die Notwehr eines einzelnen?
- Hat ein Staat kein Recht auf Notwehr?
- Welchen Unterschied sehen Sie zwischen Notwehr und der Gewaltanwendung im Krieg?
- Stellen Sie sich vor, Ihre Stadt sei besetzt. Feindliche Soldaten stürzen ins Zimmer und wollen Ihre Eltern töten. Wie würden Sie sich verhalten?
- Die Sowjetunion greift uns mit Flugzeugen an und Sie stehen an einem Flakgeschütz. Was tun Sie?

8.  Kriegsdienstverweigerung und soziale Verteidigung

- Sollte man denn jedes Unrecht nach Ihrer Meinung wehrlos erdulden und die Einführung eines totalitären Systems kampflos hinnehmen?
- Angenommen, morgen würde die Bundeswehr aufgelöst, da würden doch übermorgen die Russen einmarschieren und Ihre gewaltlose Verteidigung würde doch vollkommen versagen.
- Was haben Sie im Hinblick auf den gewaltlosen Widerstand vom Einmarsch in die CSSR gelernt?
- Wie groß ist die Kampfkraft der gewaltfreien Aktion?

- Was ist gewaltloser Widerstand? Ist das deutsche Volk dazu überhaupt imstande?
- Gibt es geschichtliche Beispiele eines erfolgreichen gewaltlosen Widerstands?
- Wie stellen Sie sich eine alternative gewaltfreie Verteidigung vor? Was halten Sie vom gewaltlosen Widerstand oder von der sozialen Verteidigung?
- Wie soll denn eine gewaltfreie Verteidigung funktionieren? Angesichts der tödlichen Bedrohung durch den Aggressor kann sie doch gar nicht wirksam werden?
- Meinen Sie denn tatsächlich, dass die Menschen in der Lage wären, sich auf Dauer gewaltfrei zu verhalten?

9.  Grundgesetz

- Durch Art. 26 des Grundgesetzes ist die Vorbereitung eines Angriffskrieges unter Strafe gestellt, daher kommt für die Bundeswehr nur ein (gerechter) Verteidigungskrieg in Betracht. Warum wollen Sie daran nicht teilnehmen?
- Was würden Sie tun, wenn es kein Gesetz zum Schutz der Kriegsdienstverweigerung gäbe?
- Wo ist das Recht auf Kriegsdienstverweigerung verankert?
- Wie stehen Sie zum Grundgesetz und zur freiheitlich-demokratischen Grundordnung?
- Sind die im Grundgesetz vertretenen Werte nicht verteidigungswerte Ziele? Besteht nicht eine Pflicht, diese Werte zu erhalten? Lohnt es sich nicht, für die Verteidigung  der Freiheit zu kämpfen?
- Was tun Sie für die Aufrechterhaltung der Freiheit und für die Wahrung der Grundrechte?
- Welche Einstellung haben Sie gegenüber dem Staat? Haben Sie ihm gegenüber nicht auch Pflichten?
- Wie lautet der Auftrag der Bundeswehr? Wo ist er grundgesetzlich festgelegt?

Die dargelegten Fragen, die überwiegend vom  jurastudierten Prüfungs-
vorsitzenden gestellt werden, haben in erster Linie die Funktion, den
Antragsteller in Widersprüche zu verwickeln und angeblich seine Glau-
benswürdigkeit festzustellen. Der ganze Frage-Katalog beabsichtigt einerseits Wissen abzufragen – vergleichbar einer mündlichen Prüfung in
Politischer Bildung/Gemeinschaftskunde - und andererseits Meinungen,
Einstellungen und individuelle Prinzipien des Antragsstellers zu erfahren.
Besonders die letztere Form der Fragen hat meist einen hypothetischen
Charakter, was sich ja real nicht überprüfen lässt. Folglich gibt es in diesem Verfahren auch keine eindeutigen „richtigen“ bzw. „falsche“ Antworten. Die meisten Fragen sind „Fangfragen“, die gerne benutzt werden, um den Kriegsdienstverweigerer vor schwierige Situationen zu
stellen. Die z. T. haarsträubenden Fragestellungen zielen darauf hin, den
Antragsteller immer mehr in die Enge zu treiben. Er soll dadurch verunsichert werden und dadurch bedingt, in die vorbereitete „Falle“ durch
ungeschicktes, widersprüchliches und fehlerhaftes Argumentieren gehen: „Keine Situation ist abwegig genug, um nicht zur Zerreißprobe in
Gewissensfragen herzuhalten: Vom dummdreisten „Wieso können Sie
als KDV eigentlich Fleisch essen“ über die russischen Bataillone, die un-
ermüdlich durch die Verhandlungsräume der Prüfungsgremien stamp-
fen, unter sich die Mütter und Frauen der Antragsteller zwischen den
Zähnen ihrer Kinder, bis hin zu dem einsamen Bombenflugzeug, das seit
Jahren im Dauereinsatz Städte und Dörfer der BRD anfliegt, vor dem
sagen wir mal: ganz zufällig – ein ebenso einsamer Kriegsdienstverweigerer an einer Flak die Wacht hält“ (Hofferbert, 1973, S. 111). Gerade gestellte Fragen zu bestimmten Kriegssituationen lassen im „Ernstfall“ keinen vertretbaren „Ausweg“ zu, denn meist kann sie nur durch selbst
schießen oder selbst erschießen lassen, „bewältigt“ werden. Häufig versuchen Kriegsdienstverweigerer bei bestimmten Fragen oder darin ange-
sprochene Problemsituationen auszuweichen, indem sie entweder die
Frage in Abrede stellen oder aber gänzlich illusionistische Klärungsversu-
che vorschlagen: „Klassisches Beispiel: „Die Sowjetunion greift uns mit

Flugzeugen an und Sie stehen an einem Flakgeschütz. Was tun Sie?" Massenweise verlaufen Verhandlungen dann so, „dass über folgende Ausweichversuche des Antragstellers jeweils eine Viertelstunde gestritten wird: Die SU wird uns nicht angreifen. Sie wird das nicht mit Flugzeugen tun. Ich werde nicht an einer Flak stehen. Ich kann eine Flak nicht bedienen. Ich würde vielleicht nicht treffen. Ich würde winken, dass sie aufhören sollen. Ich kann mir das alles nicht vorstellen. Ich will nicht in diese Situation kommen. Die Verhandlung endet dann nach fruchtlosen Debatten und dem gegenseitigen Vorwurf der totalen Ignoranz mit der Ablehnung und – akzeptiert man einmal dieses ganze unsinnige Anerkennungsverfahren – das mit Recht, denn es ist in der Regel bis dahin kein Wort zu dem eigentlich zentralen Problem der Tötung von Menschen mit Kriegswaffen und der persönlichen Bewertung solcher Handlungen durch den Antragsteller gesagt" (Hofferbert, 1973, S. 114). Meist wird auch die Frage nach der karitativen Tätigkeit des Kriegsdienstverweigerers gestellt: „Daraus, dass der Wehrpflichtige bisher in keiner Weise karitativ tätig war, entnimmt der Prüfungsausschuss auch einen Hinweis darauf, dass es dem Wehrpflichtigen mit seinem Entschluss nicht so sehr ernst ist. Wäre er wirklich so positiv zu den Menschen eingestellt, so hätte er trotz Schule und Studium die Gelegenheit gehabt karitativ tätig zu werden. Er hat eine Zahl von Auslandsreisen gemacht. Hatte er aber hierfür Zeit, so kann er auch bei Berücksichtigung der Tatsache, dass er selbstverständlich auch Urlaub machen muss, nicht von sich sagen, es wäre ihm bisher keinerlei Zeit verblieben, irgendwie in dem vor-erwähnten Sinn tätig zu werden" (aus einem Ablehnungsbescheid, Verband der Kriegsdienstverweigerer, Gruppe Düsseldorf, o. Jg., S. 21). In einem anderen Ablehnungsbescheid wurde eine ähnliche Begründung verwendet: „Der Antragsteller hat nach Auffassung der Kammer den für den typischen Kriegsdienstverweigerer aktiven Einsatz für den Frieden durch karitative Tätigkeit doch etwas vermissen lassen. Zwar hat sich der Antragsteller glaubhaft bei einem Krankenhaus der Ev. Inneren Mission zum Ersatzdienst gemeldet. Das ist auch sein einziger Einsatz, wobei auffällt, dass er als katholischer Christ, sich bei einem evangelischen Krankenhaus gemeldet hat, ohne hier irgendwie eine Erklärung abzugeben" (a.a.O. S. 29). Bei dieser Argumentation drängt sich die Frage auf, warum ein Kriegsdienstverweigerer eine gewisse Art von Qualifikation in Form von karitativer Tätigkeit nachweisen soll, während man von einem angehenden Soldaten doch keine spezielle Fähigkeit wie z. B. eine Körperverletzung erwartet. Zudem ist der Hinweis auf die Religion fern jeglicher ökumenischer Sichtweise und wirkt eher diskriminierend und läuft auf eine konfessionelle Spaltung hinaus („Katholiken gegen Protestanten"). Die „Frankfurter Rundschau berichtete am 02.1.1984, dass in Niedersachsen ein Kriegsdienstverweigerer von einem Prüfungsausschuss nicht anerkannt wurde, da er Autofahrer ist. In Oldenburg wurde der KDV-Antrag eines 19-jährigen Schülers aus Delmenhorst, der gerade die Fahrschule besucht, mit der Begründung abgelehnt, „ihm mangele es an der „besonderen Sensibilität für den unbedingten Schutz menschlichen Lebens, denn sonst hätte sich ihm nämlich die Frage aufdrängen müssen, ob es noch zu verantworten sei, am Straßenverkehr teilzunehmen" (Frankfurter Rundschau, 02.1.1984). Dieses Urteil, mit dem allgemeinen Menschenverstand nicht nachvollziehbar, belegt, dass in den KDV-Verfahren häufig willkürliche und nicht der Realität entsprechende Entscheidungen gefällt wurden. Ebenso gehörten Fälle von Rechtsbeugung zur Tagesordnung, die das Ziel verfolgten, die Absichten des Grundgesetzes in ihr Gegenteil zu verkehren. Oft haben sich Prüfungsausschüsse und Prüfungskammern unverblümt gegen die höchstrichterliche Rechtsprechung entschieden, wie z. B. bei der Ablehnung des Kriegsdienstverweigerers Volker Reiffenrath durch den Prüfungsausschuss Siegen: „Zusätzlich bewies die Ablehnung jedes Militärs die Tatsache, dass der Antragsteller keine Gewissensentscheidung getroffen hatte" (Mannhardt/Schwamborn, 1974, S. 64). Es ist auch damit zu rechnen, dass dem Antragsteller Fragen gestellt werden, die die Wahrung des Wahlgeheimnisses verletzen („Haben Sie eine der im Bundestag vertretenen Parteien gewählt?") oder auf seine finanziellen Verhältnisse abzielen („Wie viel verdienen Sie?"). Die Unverschämtheit der Fragen in den Anerkennungsverfahren war grenzenlos.

## 3.6 Prüfungskammer

Im Juli 1971 erhielt ich eine Einberufung zur Bundeswehr zum 1. Oktober 1971. Dieser Bescheid wurde am 7. September 1971 wieder zurückgenommen (nähere Einzelheiten, siehe S. 96). Ab Juni 1971 bemühte ich mich weiterhin mit mehreren Schreiben (25.06./20.07./23.08.1971) an die Prüfungskammer – Außenstelle Karlsruhe – um eine Beschleunigung meines Verfahrens, erhielt aber erst am 5. Juli 1972 eine Ladung zur Verhandlung vor der Prüfungskammer am 27. Juli 1972. Dieser Termin wurde aber von mir abgesagt, weil ich zu dem festgesetzten Termin wegen meiner Zwischenprüfung keine Zeit hatte. So fand dann meine Verhandlung vor der Prüfungskammer erst am 23. Januar 1973 im Kreiswehrersatzamt Offenburg statt. Die Verhandlung begann um 14.00 Uhr unter dem Vorsitz von Oberregierungsrat Bittdorf. Als benannter Beisitzer fungierte Oberamtsrat Anselm und als gewählte Beisitzer wirkten der Oberlehrer Mayer und der Kaufmann Keller mit. Beim Anblick von Mayer stellte ich überraschend fest, dass ich ihn von früher kannte. Als ich noch Schüler an der Grundschule Ottersweier war, unterrichtete dort ein Jahr (1960 – 1961) lang Fritz Mayer, den ich auch in der 4. Klasse für eine kurze Zeit als Lehrer hatte. In dieser Phase konnte ich seine aggressive und äußerst autoritäre Art des Unterrichtens aus nächster Nähe erleben. Er war z. B. dafür berüchtigt, dass er während des Sportunterrichts die Schüler mit einem Sprungseil traktierte. Wenn die Schüler nicht schnell genug auf seine Anweisungen reagierten, schlug er in ihnen mit dem Seil in die Beine. Ich, ein braver, angepasster und pflichtbewusster Schüler, habe deshalb ein einziges Mal in acht Jahren Volksschule den Unterricht geschwänzt, um dieser speziellen „Seilbehandlung" durch Fritz Mayer zu entgehen. Sein cholerisches und unbeherrschtes Handeln habe ich auch einmal in einer Deutsch-Unterrichtsstunde erfahren, als er mir wegen einem nichtigen Anlass mein Lesebuch auf den Kopf schlug. Als Spitze seines gewalttätigen Lehrerverhaltens ist mir die öffentliche Bloßstellung, die einer Quasi-Hinrichtung ähnelte, eines Schülers in lebhafter Erinnerung geblieben. Bei Stammtisch-Treffen meiner ehemaligen Klassenkameraden wird dieses menschenunwürdige Geschehen immer wieder thematisiert. Ein Schüler, der eine Klasse über mir war, stammte aus einer Bauernfamilie und musste deshalb häufig bei der Arbeit mithelfen. Bei einer früher häufig durch Lehrer kontrollierten körperlichen Hygiene (Vorzeigen der Hände, Fingernägel-Beschaffenheit, Gesicht und Hals) hatte Mayer bei diesem Schüler bestimmte Mängel festgestellt. Daraufhin plante er während einer großen Pause folgendes „Szenarium": Mayer platzierte mitten im Pausenhof einen Stuhl, auf dem ein Waschbecken, Seife und ein Handtuch standen. Bei Beginn der Pause musste sich der besagte Schüler vor allen anderen Schülern dann öffentlich waschen. Leider schritt hier kein Lehrer und auch nicht der Schulleiter (ehemaliger NSDAP-Parteigenosse und stellvertretender Propagandaleiter der Ortsgruppe) ein, um dieser psychischen Misshandlung Einhalt zu gebieten. Jedenfalls waren ich und wahrscheinlich alle Hauptschüler damals froh, dass Fritz Mayer die Schule nach einem Jahr wieder verließ. Meine Einstellung gegenüber Mayer war aufgrund der geschilderten Ereignisse von tiefer Verachtung und Antipathie geprägt. Die Erfahrungen mit Mayer hatten sich in meinem Gedächtnis tief eingeprägt, so dass ich kurz bei der Vorstellung der Beisitzer überlegte, den Beisitzer Mayer wegen Befangenheit abzulehnen. Da ich aber endlich eine Entscheidung in meinem Anerkennungsverfahren anstrebte, ließ ich diesen Gedanken wieder fallen.

Aus der Sitzungsniederschrift der mündlichen Verhandlung vor der Prüfungskammer vom 23.01.1973

„Zur Sache:

Auch insoweit nehme ich Bezug auf mein gesamtes bisheriges Vorbringen und führe hierzu noch aus: Der Grundgedanke meiner Kriegsdienstverweigerung ist der: Ich habe mir die Situation vor Augen geführt, wie es ist, wenn ich vor der konkreten Kriegssituation stehen würde und einen Menschen töten müsste. Dies könnte ich nicht tun, weil ich vor mir persönlich das Töten eines Menschen nicht rechtfertigen könnte. Das Leben des Mitmenschen muss ich schützen und achten. Es brächte mich in eine Konfliktsituation, etwas zu tun, was dem widerspricht. Ich lehne es ab, etwas zu tun, was Leid über Mitmenschen bringt. Auch bin ich der Auffassung, dass der Krieg kein legitimes politisches Mittel ist, einen Konflikt zu lösen. Das Töten müssen im Kriege sehe ich als Schranke an, an der ich scheitern würde, weil ich es einfach nicht könnte. Auch an der Verteidigung eines angegriffenen Volkes könnte ich mich nicht beteiligen, denn die militärische Verteidigung führt und daran glaube ich eben, immer zu mehr Toten, als in dem Falle, in dem sich das angegriffene Volk nicht verteidigt. Ich verweise in diesem Zusammenhang auf das Bei-spiel der CSSR. Die individuelle Notwehr bejahe ich. Dies ist jedoch nicht vergleichbar mit der Kriegssituation. Denn der Soldat im Kriege kann die Situation nicht mehr überschauen. Auch hat er nicht mehr die Freiheit, seine Mittel zu wählen. Der Soldat im Kriege wehrt nicht der Not, sondern er vergrößert sie. Auf Vorhalt: Wenn ich gefragt werde, ob dadurch, dass sich die Alliierten im letzten Krieg gegen Hitler-Deutschland zur Wehr gesetzt haben, nicht das Leben vieler Menschen, z. B. ein großer Teil des jüdischen Volkes in Westeuropa, vor der Vernichtung bewahrt wurde, erkläre ich: Diese Alliierten waren nicht berechtigt, sich militärisch zu verteidigen. Man kann nämlich Menschenleben nicht untereinander abwägen. Wenn mir vorgehalten wird, in diesem Zusammenhang, das ich selbst Menschenleben quantitativ gegeneinander abwäge, wenn ich an der militärischen  Verteidigung nicht teilnehme, weil ich sie für sinnlos erachte und weil diese mehr Tote verursacht als in dem Falle, in dem sich das angegriffene Volk nicht verteidigt, so mag das zutreffen. Trotzdem halte ich die militärische Verteidigung für eine Wahnsinnstat, weil hierdurch die Gewalt nur eskaliert. Eine angegriffene Nation darf sich nur mit Mitteln des passiven Widerstandes wehren. Dieser muss spontan erfolgen und er darf den Angreifer nicht zu neuer Gewalttätigkeit provozieren.

Auf Frage: Als Beispiel des passiven Widerstandes sind Gandhi und die Lehrerschaft im besetzten Norwegen anzugeben.

Auf weitere Frage: Ein angegriffenes Volk könnte z. B. streiken.

Auf weiteren Vorhalt und Frage: Es ist für mich sehr schwierig, hier konkrete Mittel des passiven Widerstands zu nennen.

Auf Frage und Vorhalt: Kommt dieses Volk, obwohl es sich militärisch nicht verteidigt dennoch in große Not und es kommen zahllose Menschen um, dann würde ich mich vermutlich auch in diesem Falle schuldig fühlen. Die Schuld ist dann für mich die gleiche, ob ich den Angreifer töte oder Angegriffene töten lasse, wenn ich zu den Angegriffenen einen konkreten räumlichen Bezug habe. Trotzdem ist es mir auch in diesem Fall nicht möglich, gegen den Angreifer in lebens-gefährdender Weise vorzugehen.

Im Übrigen erläuterte der Widerspruchsführer sein bisheriges Vorbringen.“

Nach einer fünf Stunden dauernden Verhandlung mit einer einzigen kurzen Pause teilte mir der Prüfungskammervorsitzende kurz vor 19.00 Uhr mit, dass der Widerspruch gegen den Bescheid des Prüfungsausschusses beim Kreiswehrersatzamt Freiburg vom 04.12.1970 zurückgewiesen wird. Diese fünf Stunden mit deutlich mehr Fragen als im Protokoll vermerkt, einem teilweise aggressiven Unterton von Seiten des Vorsitzenden und einer dauernd bei mir spürbaren Anspannung (Konzentration, spontanes Reagieren und Kommunizieren) als Einzelner vor einem Tribunal von vier älteren Herren, hatte mich im wahrsten Sinn des Wortes körperlich und mental „ausgequetscht“.

Mit einem Schreiben vom 14. März 1973 erhielt ich von der Prüfungskammer den folgenden Widerspruchsbescheid:

Entscheidungsgründe

I.

Mit Bescheid vom 04.12.1970 entschied der Prüfungsausschuss, dass der Widerspruchsführer (Wf) nicht berechtigt ist, den Kriegsdienst mit der Waffe zu verweigern. Er habe den Prüfungsausschuss nicht davon zu überzeugen vermocht, dass er eine Gewissensentscheidung, also eine ernste sittliche Entscheidung gegen das Töten müssen im Krieg getroffen habe. Obwohl der Wf aktiv am kirchlichen Leben teilnehme und eine enge Bindung zur Religion habe, habe er erst geraume Zeit nach der Musterung seinen Antrag auf Anerkennung als Kriegsdienstverweigerer gestellt. Der Prüfungsausschuss könne sich nur schwer vorstellen, dass der Wf, der offenbar bei der Erfassung und auch bei der Musterung die Ableistung des Wehrdienstes sehr wohl mit den Geboten der Religion zu vereinbaren wusste, jetzt zu einer anderen Überzeugung gekommen sei.

Gegen diese Entscheidung erhob der Wf mit Schreiben vom 13.12.1970 Widerspruch.

II.

Der Widerspruch ist unbegründet.

In voller Übereinstimmung mit der Auffassung des Prüfungsausschusses erachtet auch die Prüfungskammer es nicht für hinreichend wahrscheinlich, dass der Wf den Kriegsdienst gemäß Art. 4 Abs. 3 Grundgesetz in Verbindung mit § 25 Wehrpflichtgesetz aus Gewissengründen verweigert. Die von dem Wf behauptete Ablehnung jeglicher Waffenanwendung zwischen den Staaten beruht nicht auf einer an den Kategorien von Gut und Böse orientierten, ihn innerlich unbedingt verpflichtenden Wertentscheidung, gegen die er ohne ernste Gewissensnot nicht handeln könnte. Der Wf begründet seine humanitäre Grundeinstellung im Wesentlichen mit vernunftmäßigen und politischen Überlegungen. Diese sind ihrem objektiven Inhalt nach auch geeignet, den Anforderungen an eine Gewissensentscheidung zu genügen. Jedoch vermochte auch die erkennende Prüfungskammer nicht festzustellen, dass der Wf in subjektiver Hinsicht eine Entscheidung im aufgezeigten Sinne getroffen hat. Sein Vorbringen beschränkt sich im Wesentlichen auf die Wiedergabe einiger gängiger Argumentationen gegen den Krieg und den Kriegsdienst, ohne dass sich der Wf bislang mit diesen ernstlich innerlich auseinandergesetzt hat. Seine religiösen Grundüberzeugungen, auf die er sich vor allem vor dem Prüfungsausschuss ebenfalls berufen hat, bleiben lediglich Behauptungen. Sie erschöpfen sich nämlich in dem Hinweis auf das fünfte Gebot, die Bergpredigt und die Seligpreisung der Friedfertigen in der Bergpredigt. Dass sich der Wf von hier aus im Zusammenhang mit der anstehenden Problematik auseinandergesetzt hat, war nicht zu erkennen.

Sein Vorbringen vor der Prüfungskammer machte deutlich, dass sich der Wf gedanklich noch nicht ernsthaft mit der anstehenden Problematik auseinandergesetzt hat. Sein gesamtes Vorbringen sowohl vor dem Prüfungsausschuss als auch vor der Prüfungskammer zeigt zudem, dass sich die Kriegsdienstverweigerung des Wf fast ausschließlich noch in der Sphäre seines Wollens bewegt und für ihn bislang zu keinem unabweisbaren inneren Zwang geworden ist. Hierbei wird nicht verkannt, dass der Wf im Falle seiner Heranziehung zum Kriegsdienst mit der Waffe einem gewissen inneren Druck ausgesetzt sein würde, doch dürfte dieser nur soweit gehen, dass er gezwungen werden würde, „sinnlos zu handeln". Diese Überzeugung hat jedoch nach Ansicht der erkennenden Kammer die Gewissensebenen des Wf nicht erfasst, so dass mit der Ableistung des Wehrdienstes er in keine Gewissensnot kommen kann. Die bloße rationale Wertung des Krieges und seiner Vorbereitung als Verbrechen, reicht jedoch nicht aus, um die behauptete Gewissensentscheidung glaubhaft machen zu können.

Der Wf vermochte nach alledem allenfalls darzutun, dass er wie jeder normal empfindende Mensch, eine natürliche Abneigung gegen den Krieg und gegen den Einsatz von Waffen gegen Menschenleben hat. Vom Vorliegen einer ernsten, für ihn unabweisbaren Gewissensentscheidung gegen den Kriegsdienst mit der Waffe konnte er die Prüfungskammer jedoch nicht überzeugen."

Ich habe den insgesamt 9 Seiten umfassenden Widerspruchsbescheid nicht vollständig wiedergegeben, da er auch Inhalte des Verhandlungsprotokolls und des Ablehnungsbescheids des Prüfungsausschusses enthält, die bereits aufgezeigt wurden. Etliche der Passagen in meinen beiden Bescheiden findet man in vielen Ablehnungen: „Wenn die

Vorsitzenden verschiedener Prüfungsausschüsse in den verschiedensten Städten des Bundesgebietes die gleichen Formulierungen „finden", dann ist der Verdacht unabweislich, dass es sich hierbei um vom Ministerium vorgefertigte Passagen handelt, aus denen nach Belieben ein ablehnender Bescheid zusammengestellt werden kann" (Schwamborn, 1978, S. 31). Es ist dabei auffällig, dass Antragsteller mit unterschiedlichen Beweggründen unter der Angabe der stets derselben „in der Verhandlung gewonnenen Eindrücke" abgelehnt werden. Unter diesen Voraussetzungen macht eine inhaltliche Auseinandersetzung mit den überwiegend schablonenhaften und pauschalen Entscheidungs-gründen, die ausschließlich vom Vorsitzenden bestimmt werden, erfahrungsgemäß wenig Sinn. Grundsätzlich ist zu den Verhandlungen vor dem Prüfungsausschuss und der Prüfungskammer anzumerken, dass die Vorsitzenden als verbeamtete Volljuristen bei der Bundeswehrverwaltung arbeiten und sich daher weder in einer unabhängigen Position befinden, noch dass sie von ihrem beruflichen Hintergrund eine objektive Verhandlungsführung oder entsprechende Urteilsfindung praktizieren: „Unter Vorsitz der Militärjuristen, die von der Bundeswehr  ausgesucht und eingestellt und bezahlt, fortgebildet, beurteilt und befördert werden und die das Verfahren in der Vorbereitung und in der Verhandlungsführung weitestgehend in der Hand haben, wird das Recht der Kriegsdienstverweigerer ständig missachtet" (Finckh, 1974, S. 27).

Ein weiteres Problem des Anerkennungsverfahrens vor dem Prüfungsausschuss und der Prüfungskammer liegt in der Nichtöffentlichkeit dieser Verhandlung, womit kaum etwas nach außen dringt.  Im Grunde war das Anerkennungsverfahren vor dem Prüfungsausschuss und der Prüfungskammer eine neumodische Form der Inquisition, die zusätzlich als eine Art zweites Abitur viele potenzielle Kriegsdienstverweigerer abgeschreckt hat. Es wurde mir immer mehr bewusst, dass der Weg bis zu meiner Anerkennung komplizierter ist, als ich gedacht hatte. Das abschreckende Prüfungsverfahren verlangte nicht nur bestimmte Persönlichkeitsmerkmale wie z. B. Selbstbewusstsein, sondern ebenfalls eine geschickte verbale Ausdrucksweise. Die beiden Anerkennungsverfahren vor dem Prüfungsausschuss und der Prüfungskammer kamen mir im nach hinein eher als ein taktisches Gefecht vor, bei dem der gewinnt, der sich als der bessere Stratege erweist: „Nicht die Gewissensentscheidung, sondern der Verlauf des gemeinsamen, auf beiden Seiten unaufrichtigen Anpassungsspiels entscheidet über den Prozessausgang" (Klein, 1972, S. 75). Der ca. 30 Jahre lang als Vorsitzender der „Zentralstelle für Recht und Schutz der Kriegsdienstverweigerer aus Gewissensgründen e.V." amtierende Ulrich Finckh kam 2007 zum folgenden Fazit: „Die Bilanz der Prüfungsverfahren war verheerend. Mit Sicherheit kamen weit über eine Million Kriegsdienstverweigerer zunächst nicht zu ihrem Recht und Hunderttausende überhaupt nicht. Der Staat organisierte Unrecht und junge Menschen wurden durch die Rechtsprechung hoffnungslos überfordert. Zahllose Verweigerer wurden letztlich nicht anerkannt. Auch wenn viele über erneute Anträge, andere Dienste oder Dienstausnahmen doch noch dem Wehrdienst entkamen, war das katastrophal. Über 100 000 flohen nach Berlin, Tausende ins Ausland, Ungezählte wurden krank, Einzelne nahmen sich aus Verzweiflung das Leben, Hunderte verweigerten den Militärdienst auch ohne Anerkennung trotz Schikanen und Freiheitsstrafen. Begleitet war die Missachtung des Grundrechtes von ständigen Diffamierungen, Vorwürfen der Drückebergerei und Angriffen auf Beratungsstellen unter Berufung aus das Rechtsberatungsmissbrauchsgesetz aus der NS-Zeit".

## 3.7 Glaubwürdigkeit des Kriegsdienstverweigerers

Nach verschiedenen Urteilen des Bundesverwaltungsgerichts (1961, 1962) muss bei den Anerkennungsverfahren der Glaubhaftigkeit des Vortrags eine ausführliche Würdigung der Persönlichkeit des Antragstellers und seiner Charaktereigenschaften erfolgen:

„Die Anhörung muss vor allem der Frage dienen, ob er wahrhaftig ist oder ob er das Gewissen nur vorschiebt, um an der Wehrpflicht vorbeizukommen" (BVerwG, Beschl. v. 2.2.1961, Die öffentliche Verwaltung, 1961, S. 226).

„Lässt sich daher, wie wohl in den meisten Fällen, der Sachverhalt nicht anderweitig aufklären, so ist unter Berücksichtigung der gesamten Persönlichkeit des Kriegsdienstverweigerers über seine allgemeine Glaubwürdigkeit, seine Fähigkeit zu einer ehrlichen Überzeugung und seine Bereitschaft, danach zu handeln, Beweis zu erheben" (BVerwG, Urt. v. 11.5.1962, BVerwGE 14, 146 = Neue Juristische Wochenschrift 1962, S. 1736).

Wie ein Gremium, bestehend aus einem Juristen und drei weiteren meistens älteren Männern die Glaubwürdigkeit eines Kriegsdienstverweigerers einschätzen will, bleibt rätselhaft. Die Einschätzung der Glaubwürdigkeit ist keine juristische Frage, sondern gehört in das Fachgebiet der Psychologie. Es müsste im Grunde ein anwesender Psychologe durch ein Gutachten die Glaubwürdigkeit des Antragsstellers beurteilen. Vielleicht könnte dann dieser Experte auch die Diskrepanz zwischen gespieltem und vorgetäuschtem Lippenbekenntnis oder einer echten Gewissensüberzeugung feststellen. Absolute Klarheit über die Glaubwürdigkeit wäre aber selbst durch die Mithilfe eines Psychologen nicht zu erzielen. Eine Beurteilung in einer Stresssituation für den Antragsteller, die zeitlich begrenzte Beobachtungsdauer während der Verhandlung und die häufigen Fehler der sozialen Wahrnehmung (Interpretationsfehler, soziale Stereotype, Halo-Effekt und erster Eindruck) würden auch das psychologische Gutachten positiv oder negativ beeinflussen. Wahrscheinlich konnte ich die beiden ersten Verhandlungsgremien nicht von meiner Glaubwürdigkeit überzeugen. Vermutlich spielte dabei auch der Zeitpunkt meiner Antragstellung erst nach der Musterung eine nicht unerhebliche Rolle.

## 3.8 Verwaltungsgericht

Nach der zweiten Ablehnung meines Antrags auf Kriegsdienstverweigerung blieb mir zur Anerkennung nur noch der Gang vor das Verwaltungsgericht. Am 21.03.1973 hatte ich meinen ersten Termin mit dem Offenburger Rechtsanwalt Wolf Gerriets, der mir von der DFG-IDK-Gruppe (Deutsche Friedensgesellschaft – Internationale der Kriegsdienstgegner) Karlsruhe empfohlen worden war. Nachdem er meine Unterlagen durchgelesen und mir dazu ergänzende Fragen gestellt hatte, sagte er zu mir: „Das wichtigste bei der Verweigerung ist konsequent zu bleiben, d. h. das Töten in allen Situationen, egal welche Bedingungen auch vorliegen, abzulehnen. Bei der Verhandlung vor dem Verwaltungsgericht werde ich als Partei vernommen. Ich muss meine Gründe vortragen." Am 5. April 1973 reichte er in der Verwaltungssache Adalbert Metzinger (Kläger) gegen Bundesrepublik Deutschland (Beklagte) die folgenden drei Anträge beim Verwaltungsgericht Freiburg ein:

Der Bescheid des Prüfungsausschusses für Kriegsdienstverweigerer beim Kreiswehrersatzamt Freiburg vom 4.12.1970 und der Widerspruchsbescheid der Prüfungskammer für Kriegsdienstverweigerer bei der Wehrbereichsverwaltung V – Außenstelle Karlsruhe – vom 23.1.1973 werden aufgehoben.

1.      Es wird festgestellt, dass der Kläger berechtigt ist, den Kriegsdienst mit der Waffe zu verteidigen.

2.      Die Beklagte trägt die Kosten des Verfahrens. Die Kostenentscheidung ist vorläufig vollstreckbar.

Zur Begründung der gestellten Anträge wird folgendes ausgeführt:

Der Widerspruchsbescheid vom 23.1.1973, ausgefertigt am 14.3.1973 wurde dem Kläger am 15. Oder 16.3.1973 zugestellt.

Beweis: Widerspruchsbescheid, der in Fotokopie beigefügt ist.

Der Kläger ist Student der Erziehungswissenschaft, Soziologie und Psychologie an der Universität Konstanz. Mit Schreiben vom 10.12.1969 hat er einen Antrag auf Anerkennung als Kriegsdienstverweigerer gestellt. Zur Begründung hat er im Wesentlichen ausgeführt, dass er als religiöser Katholik aus humanitären Gründen, die religiös fundiert seien, den Kriegsdienst mit der Waffe verweigern würde. Er habe sich erst sehr spät mit dem Problem der Kriegsdienstverweigerung befasst. Erst nach seiner Musterung habe er sich mit Freunden, Eltern und dem katholischen Pfarrer seines Pfarramtes, bei dem er jahrelang als Ministrant tätig war, über seine Probleme unterhalten. Auch einige Kriegsfilme und Berichte im Fernsehen über den Krieg in Vietnam hätten ihn in seiner Meinung bestärkt. Das Verbot, nicht zu töten, sei für ihn ein wesentliches, sittliches Gesetz, das für ihn auch in Kriegszeiten Geltung haben müsse.

Der Prüfungsausschuss hat mit Bescheid vom 4.12.1970 den Antrag des Klägers mit der Begründung abgelehnt, der Prüfungsausschuss habe sich nicht davon überzeugen können, dass eine ernste und sittliche Entscheidung gegen das Töten müssen im Kriege getroffen worden sei. Wie üblich hat man auch aus dem Zeitpunkt der Antragsstellung den Schluss gezogen und es fehlt auch nicht die Begründung, der Kläger habe nur „die gängigen Thesen der organisierten Kriegsdienstverweigerer vorgetragen" ohne sich selbst ernsthaft mit den Problemen auseinandergesetzt zu haben.

Obschon der Kläger in einem sehr eingehenden Schreiben zur mündlichen Verhandlung vor der Prüfungskammer seine Gründe dargelegt hat, auf die inhaltlich Bezug genommen wird, hat auch die Prüfungskammer den Antrag des Klägers abgelehnt. Die Prüfungskammer räumt zwar ein, dass der Kläger seine humanitäre Grundeinstellung mit vernunftmäßigen und politischen Überlegungen begründet habe, die ihrem objektiven Inhalt nach geeignet seien, den Anforderungen an eine Gewissensentscheidung zu genügen. Die Prüfungskammer war jedoch der Auffassung, dass in subjektiver Hinsicht die Entscheidung des Klägers ohne ernstliche innere Auseinander-setzung erfolgt sei. Ferner hat die Prüfungskammer darauf abgehoben, dass gegen das Vorliegen einer Gewissensentscheidung auch die Vorgeschichte der Antragsstellung sprechen würde, obschon die Argumentationen der Prüfungskammer insoweit wenig zwingend sind.

Der Unterzeichnete hat sich sehr eingehend mit dem Kläger unterhalten. Es erscheint im vorliegenden Fall wesentlich zu sein, dass der Kläger mehrere sehr eingehende Gespräche über das Problem der Kriegsdienstverweigerung mit dem Pfarrer seiner Gemeinde geführt hat. Zu diesem Pfarrer hatte der Kläger ein tiefes Vertrauensverhältnis, da er in der Zeit von 1960 bis etwa 1970 als Ministrant in der Kirche seiner Gemeinde tätig war. Es dürfte für die Tiefe seiner Probleme sprechen, dass er sich mit seinem Problem an seinen Pfarrer gewandt hat, um von diesem eine Antwort auf die für ihn brennende Frage der Ableistung des Militärdienstes zu erhalten. Es dürfte der Lebenserfahrung entsprechen, dass sich ein junger Mensch in einem solchen Fall nur dann an seinen Pfarrer wendet, wenn er eine Antwort auf ein tiefes religiöses und humanitäres Problem erwartet. Es wurde bereits darauf abgehoben, dass der Kläger in erster Linie aus religiösen Gründen seinen Antrag auf Anerkennung als Kriegsdienstverweigerer begründet hat. Es wird daher beantragt Herrn Pfarrer Franz Oswald, kath. Pfarramt 7583 Ottersweier als Zeugen zu laden. Der Zeuge kann bestätigen, dass es dem Kläger nicht um das möglicherweise vordergründige Problem der Fortsetzung seines Studiums gegangen ist, sondern dass sich der Kläger in einer tiefen Konfliktsituation befunden hat, in der er den Rat seines Pfarrers gewünscht hat. Es wird im Übrigen auf die schriftliche Stellungnahme des Pfarrers Franz Oswald verwiesen, die sich bei Akten befinden muss.

Die objektiven und subjektiven Anerkennungsvoraussetzungen dürften daher erfüllt sein. Der Kläger hat eine gesetzlich geschützte Gewissensentscheidung gegen den Kriegsdienst getroffen und hat danach einen verfassungsrechtlich gesicherten Anspruch auf Anerkennung als Kriegsdienstverweigerer. In seinem Schreiben an die Prüfungskammer hat der Kläger u.a. folgendes ausgeführt:

„Meine Haltung zum Leben der Mitmenschen erwächst aus dem Bewusstsein der Ehrfurcht vor dem menschlichen Leben, der Gleichheit aller Menschen und ihres Rechts auf eine friedliche und ungestörte Entwicklung. Echte Menschlichkeit und echte Menschenliebe verlangen die Respektierung der Menschenwürde des anderen, auch des Gegners. Der humanitären Einstellung, dass der Mitmensch der „Nächste" mein Bruder ist, dessen Leben erhalten bleiben muss, fühle ich mich verpflichtet. Für mich gilt es, das Leben zu erhalten und zu schützen sowie dem Menschen in seiner Not zu helfen. Die von mir vertretenen Prinzipien, die einen Kriegsdienst vor meinem Gewissen nicht zulassen, sind für mein ganzes Leben maßgeblich und für mich als unbedingt bindend und verpflichtend anzusehen. Mein bisheriges Leben hat mir gezeigt, dass ich in bestimmten Konfliktsituationen in denen ich schon war, danach gehandelt habe."

Dieses Zitat möge genügen. Weitere Ausführungen erscheinen im Augenblick entbehrlich zu sein. Fotokopien der angefochtenen Bescheide sind in der Anlage beigefügt.

gez. Wolf Gerriets

Rechtsanwalt


Am 26. April 1973 reagierte die Wehrbereichsverwaltung V – Außenstelle Karlsruhe – Dezernat für allgemeine Wehrersatzangelegenheiten in einem Schreiben an das Verwaltungsgericht Frei-burg unter Vorlage der Verwaltungsvorgänge mit dem Antrag „die vom Kläger mit Schriftsatz vom 5.4.73 erhobene Klage kostenpflichtig abzuweisen.

Zur Begründung wird auf den Widerspruchsbescheid der Prüfungskammer 1 für Kriegsdienstverweigerer bei der Außenstelle Karlsruhe der Wehrbereichsverwaltung V vom 23.1.73 und auf den Akteninhalt verwiesen.

Im Auftrag

Schmid

Regierungsdirektor


Die gleiche Bundeswehrbehörde beantragte mit Schreiben  vom 4. Mai 1973 den Rechtsstreit an das nunmehr zuständige  Verwaltungsgericht Karlsruhe zu verweisen: „Aufgrund der am 1.1.73 in Kraft getretenen Gebietsreform ist für die abschließende Entscheidung über das Begehren des Klägers, als Kriegsdienstverweigerer anerkannt zu werden, das Verwaltungsgericht Karlsruhe zuständig. Der Wohnsitz des Klägers liegt seit Inkrafttreten der Gebietsreform im nunmehrigen Zuständigkeitsbereich des Verwaltungsgerichts Karlsruhe.“

Im Auftrag

Friedl

Oberregierungsrat


Am 18. Mai 1973 entschied das Verwaltungsgericht Freiburg (II. Kammer): „Anlässlich der Prüfung der örtlichen Zuständigkeit des Verwaltungsgerichts erscheint im Hinblick auf § 52 Nr. 2 VwGO die Zuständigkeit des Verwaltungsgerichts Freiburg gegeben (vgl. hierzu BVerwG Urt. v. 11.5.1962 – VII C 27.61; BVerwGE 14, 151 (153).“

Nachdem seit meiner Verhandlung vor der Prüfungskammer am 23.1.1973 bereits über ein Jahr vergangen war und noch kein Termin einer Verhandlung vor dem Verwaltungsgericht in Aussicht gestellt wurde, schrieb mein Anwalt am 19.2.1974 an das Verwaltungsgericht Freiburg und bat „dringend um Anberaumung eines Termins zur mündlichen Verhandlung, da der Kläger nur bis zum 30.9.1974 vom Wehrdienst zurückgestellt ist." Darauf antwortete das Verwaltungsgericht am 20.2.1974 mit dem Hinweis, „dass die Kammer mit älteren und noch dringenderen Sachen derart überlastet ist, dass Ihnen für die nächsten Monate ein Termin zur Verhandlung und Entscheidung leider nicht in Aussicht gestellt werden kann." Am 9.Juli 1974 erhielt ich dann vom Verwaltungsgericht Freiburg eine Vorladung zur mündlichen Verhandlung für den 30. August 1974. Die Verhandlung sollte für mich überraschend am Amtsgericht II in Baden-Baden stattfinden. Mein Anwalt teilte mir am 10.7.1974 mit, dass er leider in der Zeit vom 18.8. bis zum 10.9.1974 im Urlaub ist. Er habe daher das Verwaltungsgericht gebeten, den Termin entweder in der ersten Augusthälfte oder nach der Rückkehr aus dem Urlaub anzuberaumen. Das Verwaltungsgericht Freiburg reagierte darauf am 11.Juli 1974, indem der anberaumte Verhandlungstermin auf begründeten Antrag des Prozessbevollmächtigten des Klägers aufgehoben wurde.

Diese Terminverschiebung bedeutete für mich wiederum eine noch längere Wartezeit auf die entscheidende Verhandlung vor dem Verwaltungsgericht. Da mein Anerkennungsverfahren noch nicht abgeschlossen war, brauchte ich eine gewisse Klarheit über meine weitere Zukunft. Ich war verunsichert was mich nach dem Ende meines Studiums erwarten würde: Einberufung zur Bundeswehr oder Anerkennung als Kriegsdienstverweigerer und damit verbundenem Zivildienst. Ich bat deshalb meinen Anwalt am 21.11.1974 (Antragstellung am 10. Dezember 1969!), um die Beschleunigung meines Verfahrens und um einen baldigen Verhandlungstermin. Mein Anwalt beantragte deshalb am 22.11.1974 eine Terminbestimmung beim Verwaltungsgericht. Das Verwaltungsgericht Freiburg teilte am 25. November 1974 meinem Anwalt mit, dass eine Termin-bestimmung für das 1. Quartal des Jahres 1975 vorgesehen ist.

Das Kreiswehrersatzamt Karlsruhe schrieb mir am 16.1.1975, dass ich als Ersatz für eventuelle Ausfälle für die Einberufung zum 1.4.1975 vorgesehen sei: „Das bedeutet, dass Sie noch mit einer kurzfristigen Einberufung zu diesem Termin rechnen müssen. Falls Ihnen bis zum 20.3.75 ein Einberufungsbescheid nicht zugestellt sein sollte, hat dieses Schreiben seine Erledigung gefunden. Ihre Einberufung wird dann voraussichtlich zum 20.5. bzw. 1.7.75 erfolgen.“

Diese beunruhigende Nachricht veranlasste mich zu einer weiteren Bitte an meinen Anwalt, dass er beim Verwaltungsgericht auf einen baldigen Verhandlungstermin drängen sollte, denn der anvisierte Termin für eine Verhandlung endete ja mit dem 1. Quartal am 31.3.1975! Wenn also die Verhandlung erst nach dem 31.3.75 terminiert würde, musste ich vielleicht mit einer Einberufung zum 1.4.75 rechnen. In dieser prekären und nervigen Situation erwog ich eine „Emigration“ in die Schweiz oder einen Wohnungswechsel nach West-Berlin. Mein Anwalt erinnerte auch gleich das Verwaltungsgericht um die dringende Anberaumung eines möglichst baldigen Termins, da nach wie vor damit zu rechnen ist, dass der Kläger noch vor dem 1.4.1975 einen Einberufungsbescheid erhalten wird (Schreiben vom 20.1.1975).

Am 3. März 1975 erhielt ich dann tatsächlich einen Einberufungsbescheid vom Kreiswehrersatzamt Karlsruhe zum 20.5.1975 nach Schwarzenborn (Truppenlager I, Ausbildungskompanie 1/5). Ich wäre dann also mit fast 25 Jahren und einem Universitätsabschluss als Magister Artium in Erziehungswissenschaft sowie eventuell auch als nicht-anerkannter Kriegsdienstverweigerer mit deutlichen jüngeren Rekruten für das Töten im Krieg ausgebildet worden. Mit dieser frustrierenden Zukunftsperspektive wartete ich sehnlichst auf meinen Verhandlungstermin vor dem Verwaltungsgericht. Sofort informierte ich meinen Anwalt über meinen Einberufungsbescheid und er schrieb deshalb am 11.3.1975 an das Verwaltungsgericht: „.....muss nun nach mehrfachen vorausgegangen Anfragen dringend und kurzfristig um Anberaumung eines Termins zur mündlichen Verhandlung gebeten werden, da der Kläger vom Kreiswehrersatzamt Karlsruhe einen Einberufungsbescheid zum 20.5.1975 nach 3579 Schwarzenborn erhalten hat.“ Endlich bekam ich am 7.4.1975 vom Verwaltungsgericht Freiburg (Dreisamstr. 9) die Vorladung zur mündlichen Verhandlung am 25. April 1975 um 14.30 Uhr. Am 25.4.1975 traf ich in der Kanzlei meines Anwaltes ein, um mit ihm in seinem Auto nach Freiburg zu fahren. Während der Fahrt unterhielten wir uns u. a. auch über den Überfall eines Kommandos der RAF auf die deutsche Botschaft in Stockholm. Einen Tag vor meiner Verhandlung, also am 24. April 1975, hatten sechs Terroristen in der Botschaft 12 Geiseln genommen und zwei von ihnen ermordet. Wir gingen beide davon aus, dass dieser Terroranschlag wegen seiner Aktualität bestimmt Thema während der Verhandlung sein würde, was dann auch tatsächlich der Fall war. Da wir vor der Verhandlung noch etwas Zeit hatten, gingen wir in ein nahe gelegenes Café und tranken jeweils eine Tasse Kaffee. Die Verhandlung begann dann um 14.40 Uhr und dauerte bis 16.45 Uhr. Zwischen 16.45 und 17.15 zog sich das Gericht zur Beratung zurück um anschließend das Urteil zu verkünden.

Verwaltungsgericht Freiburg

Urteil

IM NAMEN DES VOLKES

In der Verwaltungsrechtssache

Adalbert Metzinger, 7583 Ottersweier, Hauptstr. 31, M.A. Erziehungswisssenschaftler

-        Kläger –

Vertreten durch RA Wolf Gerriets, 76 Offenburg, Hildastr. 55

gegen

Bundesrepublik Deutschland, vertreten durch die Wehrbereichsverwaltung V. Außenstelle Karls-ruhe, Karlsruhe, Gartenstr. 2

Wegen

Anerkennung als Kriegsdienstverweigerer

hat die II. Kammer des Verwaltungsgerichts Freiburg auf die mündliche Verhandlung vom 25. April 1975 unter Mitwirkung des Vorsitzenden Richters am Verwaltungsgericht Dr. Gierth, der Richter am Verwaltungsgericht Rudolph und Dr. von Bargen sowie der ehrenamtlichen Richter Demuth und Fischer

für R e c h t erkannt:

Die Bescheide des Prüfungsausschusses für Kriegsdienstverweigerer beim Kreiswehrersatzamt Freiburg vom 4.12.1970 und der Prüfungskammer 1 für Kriegsdienstverweigerer bei der Wehrbereichsverwaltung V – Außenstelle Karlsruhe – vom 23.1.1973 werden aufgehoben.

Es wird festgestellt, dass der Kläger berechtigt ist, den Kriegsdienst mit der Waffe zu verweigern.

Die Beklagte trägt die Kosten des Verfahrens.

Die Kostenentscheidung ist gegen Sicherheitsleistung in Höhe von DM 700.- vorläufig vollstreck-bar.

Die Revision wird nicht zugelassen.

Am 7. April 1973 hat der Kläger Klage erhoben. Er beantragt,

die Bescheide des Prüfungsausschusses für Kriegsdienstverweigerer beim Kreiswehrersatzamt Freiburg vom 4. Dezember 1970 und der Prüfungskammer 1 für Kriegsdienstverweigerer bei der Wehrbereichsverwaltung V – Außenstelle Karlsruhe – vom 23. Januar 1973 aufzuheben, festzustellen, dass er berechtigt sei, den Kriegsdienst mit der Waffe zu verweigern.

Die Beklagte beantragt, die Klage abzuweisen.

Zur Begründung verweist sie auf den Widerspruchsbescheid und den Inhalt der Verwaltungsakten.

In der mündlichen Verhandlung am 25. April 1975 haben dem Gericht die Verwaltungsakten des Prüfungsausschusses und der Prüfungskammer vorgelegen. Der Kläger ist uneidlich als Beteiligter förmlich vernommen worden. Insoweit wird auf das Protokoll über die mündliche Verhandlung und den Aktenvermerk des Vorsitzenden verwiesen.

Entscheidungsgründe

Die Klage ist zulässig und begründet. Die angefochtenen Bescheide sind rechtswidrig und verletzen den Kläger in seinen Rechten. Denn dieser ist berechtigt, den Kriegsdienst mit der Waffe zu verweigern. In Friedenszeiten ist er nur verpflichtet, Zivildienst zu leisten (Art. 4 Abs. 3 GG, § 25 WpflG).

Aufgrund des Vorbringens des Klägers im Vorverfahren, seiner Bekundung als Beteiligter in der mündlichen Verhandlung sowie des übrigen Akteninhalts ist das Gericht davon überzeugt, dass der Kläger den Kriegsdienst mit der Waffe aus Gewissensgründen verweigert. Er hat hinreichend unter Beweis gestellt, dass es ihm aufgrund einer Gewissensentscheidung unmöglich ist, im Rahmen einer militärischen Auseinandersetzung im Kriege auf einen anderen Menschen zu schießen und diesen zu töten. Nach ständiger verwaltungsgerichtlicher Rechtsprechung, die sich auch mit der Rechtsprechung des Bundesverfassungsgerichts deckt, besteht das Gewissen in einer im Innern des Menschen vorhandenen Überzeugung von Recht und Unrecht und der sich daraus ergebenden Verpflichtung zu einem bestimmten Tun oder Unterlassen. Der Betreffende muss unter einem Zwang stehen, sein inneres Bewusstsein muss ein bestimmtes Verhalten fordern. Eine Gewissensentscheidung ist nach dieser Rechtsprechung jede ernsthafte, sittliche, das heißt an den Kategorien von „Gut" und „Böse" orientierte Entscheidung, die der Einzelne in einer bestimmten Lage als für sich bindend und unbedingt verpflichtend innerlich erfährt, so dass er nicht ohne ernsthafte Gewissensnot anders handeln kann (vgl. BVerwG, Urt. v. 31.10.1968, DVBl, 1970, S. 464, Urt. v. 24.4.1969, DVBl. 1969, S. 748; BVerfG, Beschl. V. 20.12.1960, BVerfGE Bad. 12, S. 45). Die Vorstellung, im Kriege mit der Waffe Menschen töten zu müssen, muss zu einer Belastung des Gewissens in dem Sinne führen, dass sich der Wehrpflichtige dessen bewusst ist, solches nicht ohne schweren seelischen Schaden tun zu können (BVerwG, Urt. v. 18.10.1972, BVerwGE Bd. 41, S. 53; Urt. v. 4.7.1973 – VI C 2.73; Urt. v. 10.8.1973 – VI C 176.73-; Urt. v. 30.11.1973 – VI C 113.73-). Wer sich allein von Gefühlen leiten lässt oder nur seinen Verstand betätigt, unterliegt nach dieser Rechtsprechung einer Gewissensbindung nicht.

Der Kläger hat sich im Vorverfahren wie auch im gerichtlichen Verfahren zu einem vor allen Dingen religiös und im Übrigen humanitär motivierten Pazifismus bekannt und – objektiv gesehen – in ausreichendem Maße dar getan, dass er zu einer ernsten sittlichen Entscheidung gelangt ist. Er hat hinreichend deutlich gemacht, dass er im Zivilleben wie auch im Falle eines Krieges Gewalt ablehnt. In einem privaten Notwehrfall, den er im Übrigen stets von einer Notsituation im Kriege abgrenzt, werde er sich zwar wehren, jedoch alles tun, um einen Angreifer nicht zu töten. Im Kriege mache es für ihn keinen Unterschied, ob ihm ein Angreifer in einem Angriffskrieg oder einem Verteidigungskrieg – ja sogar in einem Vernichtungskrieg – gegenüberstehe. Er könnte nicht auf einen Angreifer schießen. Hierbei gehe es nicht um Sinn oder Zweck eines Krieges, wichtig für ihn sei allein, dass ein Krieg mit dem Mittel des Tötens ausgetragen werde; das müsse er ablehnen.

Im Rahmen der Beurteilung der Glaubwürdigkeit hatte sich das Gericht einen Eindruck von dem Charakter des Klägers und seiner Fähigkeit, sittlich motivierte Entscheidungen zu treffen, zu verschaffen und zu prüfen, ob und in welchem Maße sich dieser mit den Problemen, die die Waffenanwendung im Kriege betreffen, innerlich bereits so ernsthaft befasst hat, dass eine seelische Belastung durch den Zwang zum Wehrdienst für ihn überhaupt in Betracht kommt. Das Gericht ist sich dabei durchaus bewusst, wie problematisch es ist, im Rahmen einer verhältnismäßig kurzen Anhörung ein einigermaßen zuverlässiges Bild über die Persönlichkeit des Kriegsdienstverweigerers zu gewinnen. Im Hinblick auf die besondere Schwierigkeit der Beweissituation des Klägers hinsichtlich seiner Gewissensentscheidung hatte das Gericht den Beweiswert seiner förmlichen Aussage im Rahmen des Möglichen wohlwollend zu beurteilen (BVerwG, Urt. v. 31.10.1968, Buchholz, 448.0, § 25 WpflG, Nr. 24; Urt. v. 18.10.1972, NJW 1973, S. 635 f.). Unter Berücksichtigung des Gesamteindrucks vom Verlauf der Beweisaufnahme durften dabei die eigenen Angaben des Klägers bei der Meinungsbildung des Gerichts eine größere Rolle spielen, als das sonst meist in der Prozesspraxis der Fall ist (BVerwG, Beschl. V. 12.2.1973, MD R 1973, S. 435; Urt. v. 17.7.1974 – IV C 25.73-; Urt. v. 22.11.1974 – VI C 247.73).

Bei Berücksichtigung dieser Grundsätze hat das Gericht im Hinblick auf das Ergebnis der Beweis-aufnahme und den Akteninhalt der Vorverfahren die Überzeugung gewonnen, dass der Kläger eine Gewissensentscheidung im Sinne des Artikels 4 Abs. 3 GG getroffen hat. Das Gericht glaubt dem Kläger, dass dieser in besonderem Maße religiös geprägt ist und aus einer gegebenen und zugleich durch die Erziehung geformten Einstellung heraus die innere Überzeugung von Recht und Unrecht hegt und sich hierdurch verpflichtet sieht (vgl. BVerwG, Urt. v. 7.11.1973 – BVerwG VI C.24-73). Insoweit hat der Kläger in diesem Verfahren überzeugend dargelegt, dass er sich gegen eine Beteiligung am Kriegsdienst mit der Waffe in der Überzeugung vom Kriege als etwas Bösem und in dem Bewusstsein entschieden hat, eine seelische Verwandlung zu erfahren, wenn er in einem Kriege gegen seine sittliche Grundhaltung Menschen töten müsste. Das Gericht glaubt ihm die innere Verwurzelung der Entscheidung. Der Kläger stammt aus einer Familie, die der Kirche eng verbunden ist. Hierfür spricht bereits, dass sein Vater Mitglied des Stiftungsrates ist, dass Schwester, eine Tante und ein Onkel religiösen Orden angehören. Es erscheint dem Gericht auch von Belang, dass der Kläger bis zum 18. Lebensjahr als Ministrant tätig war. Und Pfarrer Oswald aus Ottersweier hat in seiner schriftlichen Stellungnahme vom 4. Mai 1970 dem Kläger bestätigt, dieser nehme das religiöse Leben ernst und sei religiös interessiert. Diese Stellungnahme ist für das Gericht vor allem deshalb von einigem Gewicht, weil der Pfarrer den Kläger nach eigenen Angaben von Kindheit an kennt und deshalb dessen persönliche Entwicklung hinreichend beobachten konnte. Der Kläger hat das Gericht auch davon überzeugt, dass sein religiöses Empfinden es ihm verbietet, an Kriegshandlungen – insbesondere an Tötungshandlungen – mitzuwirken. Der Kläger nimmt das 5. Gebot ernst und vermag – jedenfalls für seine Person – im Prinzip Ausnahmen hiervon nicht anzuerkennen. Dabei her der Kläger vor allem bei seiner Vernehmung in der mündlichen Verhandlung hinreichend unter Beweis gestellt, dass er sich durchaus Grenzsituationen vorstellen und diese intellektuell verarbeiten kann, bei denen seine These vom Tötungsverbot – ihre Verwirklichung vorausgesetzt – ihn vor eigentlich unlösbare Probleme stellen kann. Der Kläger sieht zum Beispiel ein, dass es Situationen geben könnte, in denen er – zum Beispiel im Falle einer privaten Notwehr – aus dem Selbsterhaltungstrieb heraus affektgebunden einen Angreifer töten könnte. Er erkennt, dass er dabei rein juristisch „im Recht" sein würde, gibt aber seiner Meinung darüber Ausdruck, dass ihm auch in diesem Falle sein Gewissen keine Ruhe lassen würde. Ähnlich hat er hinsichtlich möglicher Nothilfesituationen argumentiert. Die Erörterungen mit dem Kläger in der mündlichen Verhandlung haben dem Gericht die Überzeugung vermittelt, dass der Kläger durchaus die möglichen Folgen seiner Handlungsweise durchdacht hat und dass sich daraus für ihn in bestimmten Fällen – zum Beispiel im Falle des Vernichtungskrieges oder bei sonstigen Gefährdungen einer Gruppe, der er angehört – unerträgliche Konfliktsituationen ergeben können. Wenn er desungeachtet auf eindringliches Befragen bei der getroffenen Entscheidung bleibt, so handelt es sich nach dem Eindruck, den der Kläger in der mündlichen Verhandlung dem Gericht vermittelt hat, nicht etwa um ein bloßes Festhalten an einer einmal eingenommenen Position, vielmehr darum, dass der Kläger einfach nicht anders zu handeln vermag, weil er sonst seine innere Stimme unterdrücken müsste. Es mag sein, dass der Kläger, der nach eigenen Angaben psychisch labil ist und bereits einen Nervenarzt hat aufsuchen müssen, allein durch die Vorstellung, er werde in eine Situation kommen können, in der er einen Menschen gefährden könne, psychisch erheblich belastet wird.

Soweit der Kläger neben der religiösen Motivierung dabei noch gefühlsbedingt argumentiert, hindert dieses seine Anerkennung nicht. Das Gericht hat im Übrigen die Überzeugung gewonnen, dass der Kläger allgemein humanitäre Erwägungen – insbesondere im sozialen Raum – nicht lediglich wegen eines guten Eindrucks vorgebracht hat. Bereits Pfarrer Oswald aus Ottersweier hat ihm in seiner schriftlichen Stellungnahme bescheinigt, dass er freiwillig im Kreiskrankenhaus in Bühl Dienst getan hat. Bei dieser Sachlage erscheint es glaubhaft, dass der Kläger sich auch im Übrigen im sozialen Bereich (Wohltätigkeitsveranstaltungen für das geistig behinderte Kind und für Vietnam, Arbeitskreis Lernhilfe) engagiert hat. Bei dieser Sachlage ist ihm durchaus zu glauben, dass er den Ersatzdienst nicht etwa als notwendiges Übel wegen der erstrebten Anerkennung als Kriegsdienstverweigerer, sondern aus sozialem Empfinden heraus als besonderen Beitrag für die Gemeinschaft leisten will.

Die Kostenentscheidung beruht auf § 154 Abs. 1 VwGO. Die Entscheidung über die vorläufige Vollstreckbarkeit der Kostenentscheidung beruht auf § 167 Abs. 1 und 2 VwGO i. V. m. S 170 ZPO. Die Revision an das Bundesverwaltungsgericht ist nicht nach § 34 Abs. 2 WpflG zuzulassen, da offensichtlich eine Klärung grundsätzlicher Rechtsfragen nicht zu erwarten ist und das Urteil des Gerichts nicht von einer Entscheidung des Bundesverwaltungsgerichts abweicht.

Rechtsmittelbelehrung

Die Nichtzulassung der Revision kann durch Beschwerde innerhalb eines Monats nach Zustellung dieses Urteils angefochten werden. Die Beschwerde ist beim Verwaltungsgericht Freiburg, 78 Freiburg i. Br., Dreisamstr. 9, schriftlich durch einen Rechtsanwalt oder einen Rechtslehrer an einer deutschen Hochschule einzulegen und innerhalb der Beschwerdefrist zu begründen.

gez. Dr. Gierth                    gez. Rudolph
        gez. Dr. von Bargen

VS.II 61/73                    Metzinger ./. BRD

wegen Kriegsdienstverweigerung


Aktenvermerk:

Der Kläger machte in der mündlichen Verhandlung am 25. April 1975 über die Gründe seiner Kriegsdienstverweigerung folgende Angaben:

Wenn ich bei dem Überfall auf die Stockholmer Botschaft am 24. April 1975 Mitglied des Botschaftspersonals gewesen wäre, hätte ich erst einmal versucht, mit den Terroristen zu reden. Auch hätte ich mir eine Flucht überlegt. Ich bin mir darüber im Klaren, dass vielleicht keine der beiden Möglichkeiten bestanden hätte. Wenn ich allein etwas unternommen hätte, wäre eine Gefahr für die Geiseln entstanden. Ich hätte aber im äußersten Falle auch zur Notwehr mit der Waffe gegriffen, aber nur um zu versuchen, die Angreifer unschädlich zu machen, nicht um sie zu töten. Auch wenn ich in Notwehr einen Angreifer getötet hätte, würde ich mich in jedem Falle schuldig fühlen. Mein Gewissen würde mir keine Ruhe lassen, auch wenn ich, rechtlich gesehen, richtig gehandelt hätte. Gewissen, das ist meine innere Stimme.

Ich könnte auch nie Polizist sein. Wenn ich aus dienstlichen Gründen jemanden getötet hätte, würde ich mir immer Vorwürfe machen. Mein Gewissen hat eben diese Entwicklung genommen. Jedes Gewissen ist anders. Bei einem Polizeibeamten hat eben das Gewissen seine eigene Entwicklung genommen.

Wenn es infolge einer unterlassenen Nothilfe von mir einen Toten gegeben hätte, würde mich das auch belasten. Ich würde mir dann auch immer Vorwürfe machen. Ich möchte auch Nothilfe nicht auf Kosten eines

79

Menschenlebens leisten. Ich kann es natürlich nicht ausschließen, dass ich einmal aufgrund eines Affektes handle, also durchdrehe.

Der Selbsterhaltungstrieb ist nichts Negatives, vielmehr etwas Legitimes. Er muss aber mit dem Gewissen vereinbar bleiben. Wenn der Selbsterhaltungstrieb einmal zu stark wird, dass er gegenüber dem Gewissen siegt, würde ich mir immer Vorwürfe machen. Es könnte zu einem inneren Zusammenbruch von mir führen.

Der Prozess meines Gewissens hat mich sensibel gemacht gegenüber den Geboten des Lebens. Ich möchte nicht in solche Grenzsituationen hineinkommen.

Notwehrsituationen der angesprochenen Art habe ich noch nicht erlebt. Ich meine aber, dass man ihnen aus dem Wege gehen kann. Ich wurde einmal in einem Saal von angetrunkenen Älteren in ein Gespräch über meine Kriegsdienstverweigerung verwickelt. Sie haben mich regel-recht bedrängt. Ich habe aber dann mit ihnen diskutiert, und es kam zu keiner Schlägerei. Ich war zufrieden mit diesem meinem Verhalten.

Partisanen oder Terroristen müssten durch die Polizei u. ä. ausgeschaltet werden. Auch für die Polizei kann eine Notwehrsituation eintreten. Wenn eine Terroristengruppe eingekreist ist und einen Ausbruchsversuch mit Waffen macht, darf auch die Polizei von der Schusswaffe Gebrauch machen.

Bei einem kriegerischen Terrorangriff von außen würde ich aber einen Bundeswehreinsatz zur Abwehr nicht für gerechtfertigt halten.

Im Falle des Angriffs eines feindlichen Kommandotrupps auf ein Grenzdorf, sehe ich ein, dass es auch einen Gruppen-Selbsterhaltungstrieb geben kann. Den muss man als Realität einkalkulieren. Aber er beruht auf einem Konsens innerhalb dieser Gruppe. Die Frage ist für mich, ob ich einem derartigen Konsens zustimmen könnte. Ich würde ihn für meine Person nicht billigen. Ich würde (im Grenzdorf) versuchen, die Leute von unkontrollierter Gewalt abzuhalten. Meine Angehörigen würde ich wahrscheinlich verteidigen. Ich würde nicht tatenlos dann zusehen. Ich würde mich eventuell auch mit der Waffe zur Wehr setzen. Hierbei würde ich aber versuchen, den Gegner nicht zu töten. Bei wiederholten Angriffen auf ein solches Grenzdorf müsste man versuchen, dem mit gewaltlosen Mitteln zu begegnen. Wenn die Mehrheit für Abwehr ist, würde ich mich nicht drücken. Ich würde dableiben, mich aber darauf beschränken zu versuchen, Not zu lindern und Verletzten zu helfen. In diesem Beispiel habe ich eine freie Entscheidung und stehe nicht unter Befehl.

Wenn eine SS-Einheit einen Vernichtungskampf gegen eine jüdische Gruppe geführt hat, so möchte ich da nicht ausschließen, dass ich einer Gegenwehr zugestimmt hätte. Aber für meine Person hätte ich mich der Abwehr nicht angeschlossen.

Auch bei einem Verteidigungs- oder Vernichtungskrieg könnte ich nicht mitmachen.

Ich habe mehrfach Einberufungsbescheide erhalten. Da habe ich richtige Angstzustände und Kreislaufstörungen bekommen. Ich habe zum Nervenarzt gehen müssen. Ursache war allein die Befürchtung, Waffendienst leisten zu müssen. Ein Schießen auf Pappkameraden würde mich belasten. Alles ist doch nur eine Vorbereitung zum Töten. Ich weiß aus Unterhaltungen mit Bundeswehrsoldaten, was mir dort bevorstehen würde. Ich habe mich immer wieder hineinversetzt. Der technische Vorgang des Schießens ist für mich ein innerer Vorgang.

Ursprünglich war meine Abneigung rein gefühlsmäßig. Erst nach dem Eignungstest habe ich mir Gedanken gemacht. Ich habe mit dem Pfarrer diskutiert. Dann habe ich im Dezember 1969 den KDV-Antrag gestellt. Ich habe meine Entscheidung als praktizierender Katholik getroffen. Aber ich glaube, dass ich genauso gehandelt hätte, wenn ich ein Atheist wäre.

Auf Vorhalt des Kläger-Vertreters: In extremen Situationen kann der Selbsterhaltungstrieb stärker sein als das Gewissen. Das Gewissen orientiert sich an den Kategorien Gut und Böse. Das Gewissen ist für mich verpflichtend. Es könnte sein, dass ich in extremen Situationen etwas tue, was mit dem Gewissen nicht vereinbar ist. Ich hoffe, dass ich nie in eine solche Situation komme.

Mein Vater war als Obergefreiter bei einer Nachschubeinheit. Dabei ist er nie in eine Lage gekommen, wo er hat töten müssen.

In einem Lazarett als ziviler Helfer Dienst zu tun, würde ich mit meinem Gewissen für vereinbar halten.

den 28. April 1975

II.Kammer

Der Vorsitzende:

gez. Dr. Gierth

Aus dem „Handbuch für Kriegsdienstverweigerer" (W. Schwamborn) hatte ich bereits vor meiner dritten „Gewissensprüfung" entnommen, dass die Anerkennungsquote vor dem Verwaltungsgericht bei 90 Prozent liegt. Diese hohe Zahl der Anerkennungen hatte mich vor meiner Verhandlung tendenziell hoffnungsvoll auf einen positiven Ausgang gestimmt. Entsprechend fühlte ich mich sehr erleichtert und geradezu ein wenig euphorisch nachdem der Vorsitzende des Gerichts – Dr. Gierth – meine Anerkennung als Kriegsdienstverweigerer verkündet hatte. Fünf Jahre und viereinhalb Monate hatte es seit dem 10. Dezember 1969 gedauert, bis meine Gewissensentscheidung gegen den Kriegsdienst von der Bundesrepublik Deutschland endlich und endgültig anerkannt worden war. Es war für mich ein zeitraubender, mühsamer und z. T. psychisch belastender Weg bis zum erhofften Ziel. Im Gegensatz zu den Verfahren vor dem Prüfungsausschuss und der Prüfungskammer, erlebte ich in der Verwaltungsgerichtsverhandlung die über mich urteilenden Richter bezüglich der Thematik geduldig und sachlich fragend. Außerdem praktizierten sie einen unaufgeregten und besonnenen Kommunikationsstil, der sich deutlich von meinen früheren Verhandlungen unterschied. Meine Richter erlangten im Frühjahr 1977 bundesweite Aufmerksamkeit, als sie durch ein Urteil vom 14. März 1977 einen Baustopp für das geplante Atomkraftwerk in Wyhl verfügten. Überraschenderweise konnte ich darauf hin im damals aktuellen „Spiegel" einen Artikel über meine Richter und ihr Urteil lesen.

Das Anerkennungsverfahren vor dem Verwaltungsgericht ist kostenpflichtig. Wenn der Kriegsdienstverweigerer anerkannt wird, trägt die Beklagte – also die Bundesrepublik Deutschland – als Prozessverlierer die gesamten Kosten (Prozesskosten und Anwaltshonorar). Nachdem die Kostenerstattung an meinen Anwalt erfolgt war, erhielt ich von ihm den an ihn geleisteten Vorschuss in Höhe von 200.- DM wieder zurück.

Der Art. 4 Abs. 3 „Niemand kann gegen sein Gewissen zum Kriegsdienst mit der Waffe gezwungen werden" wurde 1949 vor der Einführung der allgemeinen Wehrpflicht im Grundgesetz verankert. Damit handelt es sich bei diesem Artikel um ein echtes Grundrecht, das nicht ohne weiteres aufgehoben werden kann. Die 1956 eingeführte allgemeine Wehrpflicht stellt gegenüber dem Art. 4 Abs. 3 eine zwar per Verfassung vorgeschriebene Pflicht dar, die aber durch ein ein-faches Gesetz wieder aufgehoben werden kann (siehe Aussetzung der allgemeinen Wehrpflicht ab dem 1. Juli 2011). Wehrpflicht und das Recht auf Kriegsdienstverweigerung können deshalb auch nicht im Verhältnis von Vorschrift und Ausnahme betrachtet werden, wie es oft von stark an der Wehrpflicht ausgerichteten Gruppen oder Einzelpersonen geschah. Der damalige Bundeskanzler Kiesinger äußerte sich z. B. bei seiner Rede in der Godesberger Hauptversammlung des Bundeswehrverbandes am 18. Juni 1969 wie folgt: „Ich war vor vierzehn Tagen Gast eines Unternehmers in meiner Heimat, der über allerlei Dinge klagte und mir plötzlich sagte: Die jungen Arbeiter, die aus der Bundeswehr zurückkehren, sind in Ordnung. Das sind prächtige Kerle, und viele von ihnen haben sich in dieser Zeit völlig verwandelt. Nun, wir wollen vorsichtig sein, aber immerhin, ich habe meinen eigenen Sohn in der Bundeswehr gehabt und habe gefunden, dass sie ihm und seinen Freunden gutgetan hat. [........] Wenn man das weiß, ist es doch für jeden von Ihnen, der an verantwortlicher Stelle steht, eine hohe Verpflichtung, die große Chance wahrzunehmen, durch das eigene existenzielle Vorbild sich so darzustellen, dass der Soldat sagt: Donnerwetter, das ist ein Kerl. Es ist eine hohe Verpflichtung, durch dieses Vorbild beizutragen, dass die Bundeswehr eine große Schule der Nation für unsere jungen Leute wird. Bitte denken Sie daran, dass auch der Bundeskanzler darauf zählt" (Haug/Maessen, 1971, S. 164). Das Bundesverfassungsgericht sah in seinem Urteil vom 3.10.1958 das Verhältnis von Regel und Ausnahme bezüglich Wehrdienst und Kriegsdienstverweigerung so: „Es würde widerspruchsvoll sein, wenn man ein in der Verfassung gewährtes Grundrecht als ein Ausnahmerecht gegenüber einer Verpflichtung ansehen wollte, die erst später gesetzlich begründet worden ist. Näher liegt es anzunehmen, dass das Grundrecht Art. 4 Abs. 3 GG keine Ausnahme von der Wehrpflicht darstellt, sondern als ein selbständiges, unabhängiges, grundsätzlich festgelegtes allgemeines Menschenrecht anzusehen ist und mindestens im gleichen Range neben der Verpflichtung zum Wehrdienst steht" (BVerwGE, Bd.7, S. 242 ff., Urteil vom 3.10.1958). Das Grundrecht auf Kriegsdienstverweigerung unterliegt aber gegenüber den anderen Grundrechten einer speziellen Sonderbestimmung, denn die Beanspruchung von Art. 4 Abs. 3 ist von der Erlaubnis staatlicher Behörden bzw. von Gerichten abhängig: „Weder im Straf- und Zivilrecht noch in anderen Bereichen des Rechts werden Entscheidungen unterer Instanzen derart häufig revidiert wie im Kriegsdienstverweigerungsverfahren. Man stelle sich einmal vor: 50% aller in Strafprozessen Verurteilten würden in der zweiten Instanz freigesprochen und 90% der in zweiter Instanz Verurteilten würden schließlich in der dritten Instanz freigesprochen. Gäbe es eine solche Rechtspraxis beispielsweise im Bereich der Strafgerichtsbarkeit, müsste jedermann an der Rechtstaatlichkeit der Verfahren in den unteren Instanzen zweifeln. Genau diese Rechtspraxis aber gibt es in den An-erkennungsverfahren für Kriegsdienstverweigerer: 50% Anerkennungen bei den Prüfungsausschüssen, 50% Anerkennungen bei den Prüfungskammern, 90% Anerkennungen bei den Verwaltungsgerichten" (Schwamborn, 1978, S. 67).

# 3.9 Zahlen zur Kriegsdienstverweigerung

Im Zeitraum von 1956 bis zum 30.6.1973 lagen die Anerkennungsquoten bei (vgl. Mannhardt/Schwamborn, 1974, S. 65):

- Prüfungsausschüssen bei 54,2 Prozent

- Prüfungskammern bei 43,4 Prozent

Die Anerkennungsquoten sahen allein im Jahr 1972 so aus (vgl. Mannhardt/Schwamborn, 1974, S. 84):

- Prüfungsausschuss bei 44,2 Prozent

- Prüfungskammer bei 33,9 Prozent

- Verwaltungsgericht bei 68,1 Prozent

Die Anerkennungsquoten ausschließlich für das Jahr 1973 lauteten (ebd.):

- Prüfungsausschuss bei 40.5 Prozent

- Prüfungskammer bei 33,3 Prozent

Sowohl für den Prüfungsausschuss (14 Prozent) als auch für die Prüfungskammer (10 Prozent) ergab sich innerhalb von zwei Jahren (1972 und 1973) ein deutlicher Rückgang der Anerkennungsquoten. Zu den von der Prüfungskammer abgelehnten 66,7 Prozent im Jahr 1973 gehörte ich selbst. Die Zeitschrift „Wehrkunde" erklärte diesen Rückgang der Anerkennungsquoten so: „Dies ist darauf zurückzuführen, dass die Prüfungsausschüsse seit etwa einem halben Jahr andere Maßstäbe anlegen" (Wehrkunde 5/1973, S. 268).

Die Fraktionen der CDU/CSU und der FDP haben 1983 ein neues Recht zur Kriegsdienstverweigerung durchgesetzt. Das bisherige Verfahren mit den Gewissensprüfungen vor dem Prüfungsausschuss und der Prüfungskammer wurde für den größten Teil der Antragsteller durch ein schriftliches Prüfungsverfahren ersetzt. Ausgenommen waren davon: Soldaten, Reservisten, Wehrpflichtige, denen ein Einberufungsbescheid zugestellt worden ist, Wehrpflichtige, denen mitgeteilt wurde, dass sie kurzfristig einberufen werden können und Kriegsdienstverweigerer, die einen zweiten Antrag stellen, nachdem der erste Antrag schon rechtskräftig abgelehnt oder zurückgenommen worden ist. Bei dieser Personengruppe blieb das bisherige mündliche Prüfungsverfahren bestehen. Das erleichterte Anerkennungsverfahren für die Mehrzahl der Kriegsdienstverweigerer war mit ein Grund, weshalb die KDV-Anträge nach dem Stichtag 1. Juli 1983 anstiegen. Die neuen Aufgaben der Bundeswehr, die jetzt auch Einsätze im Ausland beinhalteten, blieben ebenfalls nicht ohne Wirkung auf die Verweigerung des Kriegsdienstes.

KDV-Anträge

| | | |
|---|---|---|
| 1989:  77 432 | 1990: 74 569 | 1991: 151 214 |
| 1992: 133 868 | 1993: 131 057 | 1995: 160 493 |
| 1996: 156 763 | | |

Von den 131 057 Anträgen im Jahr 1993 wurden 85 Prozent der Anträge im Bundesamt für den Zivildienst entschieden (Vorjahr: 81,6 Prozent) und 15 Prozent (Vorjahr: 19 Prozent) von den Ausschüssen und Kammern (vgl. Pfister, Südwest-Kontakte, 2/1994, S. 22). In den 11 Jahren zwischen dem 1.1.2002 und dem 31.12.2012 hielt der Trend zum Verweigern weiterhin an, denn in dieser Zeitspanne wurden 1 179 691 Anträge auf Kriegsdienstverweigerung gestellt. Darunter befanden sich 31 985 Anträge von Soldaten. Nach Angaben von P. Bernhard (2016, S. 1) haben insgesamt ca. 2,5 Millionen junge Männer den Wehrdienst bis ca. 2016 in der Bundeswehr aus Gewissensgründen verweigert.

# 3.10 Einberufungsbescheide

1.Einberufung

Vom Kreiswehrersatzamt Offenburg erhielt ich am 26.5.1971 das folgende Schreiben:

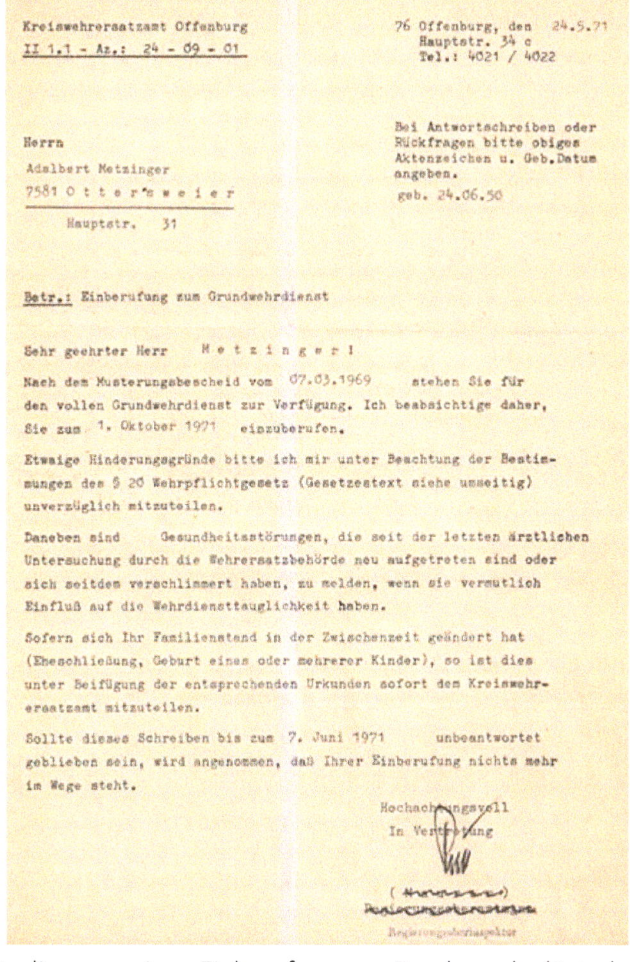

Kreiswehrersatzamt Offenburg
II 1.1 - Az.: 24 - 09 - 01

76 Offenburg, den 24.5.71
Hauptstr. 34 c
Tel.: 4021 / 4022

Herrn
Adalbert Metzinger
7581 Ottersweier

Hauptstr. 31

Bei Antwortschreiben oder
Rückfragen bitte obiges
Aktenzeichen u. Geb.Datum
angeben.

geb. 24.06.50

Betr.: Einberufung zum Grundwehrdienst

Sehr geehrter Herr    Metzinger!

Nach dem Musterungsbescheid vom  07.03.1969    stehen Sie für
den vollen Grundwehrdienst zur Verfügung. Ich beabsichtige daher,
Sie zum  1. Oktober 1971   einzuberufen.

Etwaige Hinderungsgründe bitte ich mir unter Beachtung der Bestim-
mungen des § 20 Wehrpflichtgesetz (Gesetzestext siehe umseitig)
unverzüglich mitzuteilen.

Daneben sind    Gesundheitsstörungen, die seit der letzten ärztlichen
Untersuchung durch die Wehrersatzbehörde neu aufgetreten sind oder
sich seitdem verschlimmert haben, zu melden, wenn sie vermutlich
Einfluß auf die Wehrdiensttauglichkeit haben.

Sofern sich Ihr Familienstand in der Zwischenzeit geändert hat
(Eheschließung, Geburt eines oder mehrerer Kinder), so ist dies
unter Beifügung der entsprechenden Urkunden sofort dem Kreiswehrersatzamt mitzuteilen.

Sollte dieses Schreiben bis zum  7. Juni 1971    unbeantwortet
geblieben sein, wird angenommen, daß Ihrer Einberufung nichts mehr
im Wege steht.

Hochachtungsvoll
In Vertretung

(                )
Regierungsoberinspektor

Die Ankündigung meiner Einberufung zur Bundeswehr löste bei mir einen gehörigen Schrecken aus. Als nicht anerkanntem Kriegsdienstverweigerer, der wegen seiner Antragsstellung nach der Musterung auch keinen Anspruch auf eine aufschiebende Wirkung der Einberufung besaß, musste ich mit dem Schlimmsten rechnen. Außerdem quälte mich die Vorstellung, dass ich bei der Bundeswehr auch als nicht anerkannter Kriegsdienstverweigerer Dienst wie jeder andere Soldat, einschließlich Waffendienst (u. a. Schießen auf den „Pappkameraden"), zu leisten hatte. Natürlich frustrierte mich auch der Blick auf mein zukünftiges Ende meines Studiums, das ich dann nach dem 2. Semester abzubrechen hatte. Ich beschloss daher mich mit der Wissenschaftlichen Assistentin Dr. Hilde Kipp im Fachbereich Erziehungswissenschaft zu besprechen, da ich bei ihr in einer für mich wichtigen Projektgruppe mitarbeitete. Mit Datum vom 27.5.1971 stellte sie mir für das Kreiswehrersatzamt Offenburg das folgende Schreiben aus:

Bescheinigung

über die Teilnahme von Herrn Adalbert Metzinger an der Lehrveranstaltung „Empirische Forschungen zur frühkindlichen Sozialisation" im 2. Studienhalbjahr 1970/71

Herr Metzinger nimmt regelmäßig und aktiv an der von mir durchgeführten Lehrveranstaltung zur „Frühkindlichen Sozialisation" teil. Die Veranstaltung baut auf dem Besuch von Lehrveranstaltungen der Entwicklungspsychologie auf und besteht aus einem theoretischen Teil und praxisorientierter Forschungsarbeit. Die praxisorientierte Forschungsarbeit hat zum einen besonderes Gewicht im Rahmen der neuen Studienkonzeption des Fachbereiches Erziehungswissenschaft, zum anderen dient sie in besonderem Maße der Berufsvorbereitung derjenigen Studierenden, die Berufe im Bereich der Sozialarbeit/Sozialpädagogik anstreben.

Herr Metzinger ist Mitglied der Projektgruppe, die die Auswirkungen der Heimunterbringung bei Kleinkindern untersucht. Die Projektarbeit befindet sich bereits in einem relativ fortgeschrittenen Stadium, in der es aufgrund der geleisteten Vorarbeit nicht mehr möglich ist, die Mitarbeiter des Projektes auszutauschen. Es liegt in der Natur eines solchen Forschungsprojektes, dass die Arbeit sich über mehr als ein Semester hinzieht. Die Lehrveranstaltung wird deshalb in der Form der Weiterarbeit am Projekt im kommenden Semester fortgesetzt.

Die Teilnehmer des Projektes werden über die Forschungsarbeit und deren Ergebnisse ihre Vordiplom-Arbeit anfertigen.

Mit Datum vom 28.5.1971 schrieb ich an das Kreiswehrersatzamt Offenburg:

„Mit Bestürzung habe ich die Einberufung zum Grundwehrdienst erhalten und möchte Ihnen daher im Folgenden meine Gründe schildern, warum ich mit dieser Einberufung zu diesem Zeit-punkt nicht einverstanden sein kann. Nachdem ich im letzten Jahr mein Abitur bestanden hatte und von Ihnen keine Einberufung erhielt, begann ich mein Studium an der Universität Konstanz. Da die Prüfungsordnung des Fachbereichs Erziehungswissenschaft in sukzessiven Prüfungen aufgebaut ist, erfordert es, dass der Student im Anschluss an eine Lehrveranstaltung des 1. Studienabschnitts die Hausarbeit für sein Vordiplom verfassen muss. Deshalb arbeite ich bereits seit März 1971 innerhalb des Forschungsprojektes „Untersuchungen der Auswirkungen der Heimunterbringung bei Kleinkindern" an der Anfertigung meiner Vordiplomarbeit. Es wäre für mich deshalb eine besondere Härte, wenn ich mein bereits soweit fortgeschrittenes Studium abbrechen müsste. Durch die Einberufung zur Bundeswehr zum vorgesehenen Zeitpunkt wären meine Bemühungen für die Vordiplom-Arbeit umsonst gewesen, und ich müsste mein Studium nach dem abgeschlossenen  Wehrdienst noch mal von vorn beginnen. Da das Studienjahr in Konstanz bereits am 1.10.1971 beginnt, befinde ich mich zu diesem Datum bereits im 3. Semester. Weitere Beachtung erfordert auch die besondere familiäre Lage von mir. Mein Vater ist Rentner, 66 Jahre alt und leidet unter erheblichen Kreislaufproblemen. Meine Eltern unterstützen mich trotz geringer Rente finanziell bei meinem Studium. Durch den Studienabbruch müsste ich nach dem Wehrdienst wahrscheinlich mein Studium nochmals von vorn beginnen und meine spätere finanzielle Versorgung von Seiten meiner Eltern wäre unter Umständen nicht mehr gewährleistet. Da mein Studium sich bereits in so einem weit fortgeschrittenem Stadium befindet, bitte ich Sie daher von einer Einberufung zum geplanten Zeitpunkt abzusehen."

Um meine Einberufung abzuwenden, hoffte ich auf eine Zurückstellung aus Ausbildungsgründen, wobei ich mir schon bewusst war, dass meine Bemühungen wahrscheinlich nicht zum Erfolg führen würden. Das Zurückstellungsverfahren und die entsprechenden Gründe regelt im Einzelnen der § 12 Wehrpflichtgesetz: „Vom Wehrdienst soll ein Wehrpflichtiger auf Antrag zurückgestellt werden, wenn die Heranziehung zum Wehrdienst für ihn wegen persönlicher, insbesondere häuslicher, wirtschaftlicher oder beruflicher Gründe eine besondere Härte bedeuten würde. Eine solche liegt in der Regel vor, wenn die Einberufung des Wehrpflichtigen einen bereits weitgehend geförderten Ausbildungsabschnitt unterbrechen würde." Um wegen Ausbildungs- bzw. Studiumgründen eine Zurückstellung zu erreichen, hatte das Bundesverwaltungsgericht entschieden, dass der Auszubildende bzw. Student mindestens ein Drittel seiner Ausbildung bzw. seines Studiums absolviert haben muss. Da ich aber erst im Sommer 1971 zwei Semester abgeschlossen hatte, und meine Regelstudienzeit acht Semester beträgt, konnte ich aufgrund dieser Regelung kaum auf eine Zurückstellung hoffen.

Nach dem Erhalt des Ablehnungsbescheides vom Kreiswehrersatzamt Offenburg  nahm ich die Dienste des Bühler Rechtsanwalts Paul Junkert in Anspruch. Er legte am 21. Juli 1971 gegen den Bescheid vom 16.7.71 Widerspruch ein und beantragte seine Aufhebung sowie eine Zurückstellung von der Einberufung bis zum 30.9.1972. Als Gründe führte er dafür an:

„Es trifft zwar zu, dass Herr Metzinger noch nicht ganz 1/3 seines Studiums hinter sich gebracht hat. Es liegen bei ihm aber spezielle Verhältnisse vor. Aus der Bescheinigung der Universität Konstanz vom 26.5.1971 ergibt sich, dass unser Mandant im März 71 mit einem Forschungspro-jekt begonnen hat, das die Grundlage für sein Vordiplom ist. An diesem Projekt arbeiten drei weitere Studenten mit, das zwangsläufig scheitern müsste, wenn unser Mandant zum 1.10.71 zum Wehrdienst einrücken müsste. Seine bisherigen Bemühungen, die einen beachtlichen Zeit-aufwand erforderten und mit dem Vordiplom abgeschossen werden könnten, wären umsonst gewesen. Unser Mandant hat ausweislich der Bestätigung der Assistentin Dr. Kipp die Projektarbeit relativ weit voran-getrieben. Ein Austausch der Mitarbeiter des Projektes ist ausgeschlos-sen. Es würde eine besondere Härte für unseren Mandanten darstellen, wenn er aus der bis jetzt weit fortgeschrittenen Projektarbeit herausge-rissen und nach Beendigung des Wehrdienstes eine neue Vordiplomar-beit wieder in Angriff nehmen müsste. Es ist ohne weiteres gerechtfer-tigt, ihn die Vordiplomarbeit abschließen zu lassen und ihn erst zum 1.10.1972 zum Wehrdienst einzuberufen. Es kann auch nicht anerkannt werden, dass bei einem Großteil der Studentenschaft die gleichen finan-ziellen Schwierigkeiten vorliegen würden, wie bei unserem Mandanten. Der Vater des Herrn Metzinger ist bereits Rentner und schwer kreislauf-leidend (Beweis: Dr. Schlumpp, 7583 Ottersweier). Unser Mandant ist daher gezwungen, sein Studium möglichst schnell hinter sich zu bringen. Es kann keine Rede davon sein, dass ähnliche Verhältnisse beim Großteil der Studentenschaft heute vorliegen würden. Vielmehr liegt für unseren Mandanten auch aus diesem Grunde eine besondere Härte vor. Bei Ab-wägung der persönlichen Verhältnisse und seinem Interesse, das Studi-um schnellstens hinter sich zu bringen, mit den Interessen der Allge-meinheit an der gleichmäßigen Heranziehung aller Wehrpflichtiger zum Wehrdienst muss zweifellos zu dem Ergebnis führen, dass eine Zurück-stellung unseres Mandanten zum 30.9.72 ohne weiteres gerechtfertigt ist."

Ohne dass das Kreiswehrersatzamt Offenburg in irgendeiner Form auf den Antrag vom 21. Juli 1971 reagierte, erhielt ich mit Datum vom 28. Juli 1971 vom Offenburger Kreiswehrersatzamt einen Einberufungsbe-scheid zur Bundeswehr:

„Sehr geehrter Herr!

Nach dem Musterungsbescheid vom 07.03.1969 stehen Sie für den vollen Grundwehrdienst zur Verfügung. Der Musterungsbeschied ist vollziehbar geworden.

Sie werden daher gemäß § 21 Abs. 1 des Wehrpflichtgesetzes (WPfiG) und § 13 Abs. 1 der Musterungsverordnung zum vollen Grundwehrdienst einberufen. Der volle Grundwehrdienst dauert 18 Monate (§ 5 Abs. 1 WPfiG).

Sie werden gebeten, sich am 04.10.1971 bis 14 Uhr, beim 1./Fla Btl 12 in 6969 Hardheim/Odw., Carl-Schurz-Kaserne zu melden.

Es sind mitzubringen:

- Dieser Einberufungsbescheid

- Ihr Wehrpass

- in Ihrem Besitz befindliche Impfbescheinigungen

Rechtsmittelbelehrung:

Gegen diesen Bescheid kann binnen zwei Wochen nach Zustellung schriftlich beim Kreiswehrersatzamt Offenburg Widerspruch eingelegt werden. Die Frist wird auch gewahrt durch Einlegung bei der Wehrbereichsverwaltung V – Außenstelle Karlsruhe – in 75 Karlsruhe, Karlstr. 40

Der Widerspruch gegen diesen Einberufungsbescheid befreit Sie gemäß § 33 Abs. 5 WPfiG nicht von der Pflicht, sich zum Diensteintritt zu stellen und beseitigt auch nicht die Folgen des schuldhaften Ausbleibens."

Ende Juli 1971 befand ich mich noch in England, da ich dort zusammen mit einem Freund London und einen Teil des südlichen Landesteils kennenlernen wollte. Damit verbunden war aber auch die Verbesserung der englischen Sprache sowie als Student der Erziehungswissenschaft ein Kurzbesuch in der international bekannten „Summerhill-Schule". Am 30.7.1971 hatte meine Mutter den für mich bestimmten Einberufungsbescheid zwar angenommen, aber nach Rücksprache mit dem Anwalt wieder umgehend an das Kreiswehrersatzamt Offenburg zurückgeschickt: „Ich habe irrtümlich dieses Schreiben angenommen. Mein Sohn befindet sich für ungefähr vier Wochen in England. Da ich keine Anschrift von meinem Sohn habe, so möchte ich dieses Schreiben zurück senden." Danach verschickte das Kreiswehrersatzamt Offenburg am 5.8.1971 - dieses Mal an meine Mutter adressiert - erneut einen Einberufungsbescheid, den meine Mutter erneut nicht annahm. Am 9.8.1971 reagierte das Offenburger Kreiswehrersatzamt mit einem Einschreiben, das meine Mutter am 10.8.1971 erhielt. Jetzt drohte mir dieses Kreiswehrersatzamt mit einer Geldstrafe und einer polizeilichen Fahndung. Nachdem am 10.8.71 erneut ein Einberufungsbescheid bei meiner Mutter per Einschreiben eintraf, nahm sie dieses Schreiben aufgrund der mir angedrohten Strafen dann in Empfang. Am gleichen Tag war ich von meinem England-Trip zurückgekehrt und über die aktuelle Situation enttäuscht und wütend. Am 11.8.1971 suchte ich meinen Anwalt in Bühl auf, informierte ihn über die Lage und er setzte dann das folgende Schreiben auf:

„Sehr geehrte Herren!

In vorliegender Sache nehmen wir Bezug auf die bereits mit Schreiben vom 21.7.1971 für Herrn Metzinger vorgelegte Vollmacht. Dem Vernehmen nach, soll der Mutter unseres Mandanten in Abwesenheit unseres Mandanten bereits der Einberufungsbefehl zugestellt worden sein.

Zur Fristwahrung legen wir hiermit gegen den Einberufungsbefehl

W i d e r s p r u c h

ein mit dem

A n t r a g

den Einberufungsbefehl aufzuheben und die Einberufung bis 30.9.1972 zurückzustellen.

Wegen der näheren Einzelheiten verweisen wir auf unsere Ausführungen laut Schriftsatz vom 21.7.1971. Diese Ausführungen werden auch zum Gegenstand dieses Schriftsatzes gemacht.

Wie aus der Begründung im Schriftsatz vom 21.7.1971 ersichtlich, wird Zurückstellung bis 1.10.1972 begehrt."

Das Kreiswehrersatzamt Offenburg informierte meinen Anwalt am 20.8.1971 darüber, dass der Widerspruch gegen den Einberufungsbescheid vom 28.7.1971, der Widerspruch vom 21.7.1971 gegen den die Zurückstellung vom Wehrdienst Ihres Mandanten ablehnenden Bescheid vom 16.7.71 und der Antrag auf Zurückstellung der Wehrbereichsverwaltung V – Außenstelle Karls-ruhe – zur Entscheidung vorgelegt wurde: „Von der obengenannten Behörde erhalten Sie über Ihre beiden Widersprüche einen Bescheid. Die beiden Widersprüche befreien Ihren Mandanten nicht von der Pflicht, sich zum Diensteintritt zu stellen und beseitigen auch nicht die Folgen des schuldhaften Ausbleibens." Mein Anwalt bat mit einem Schreiben vom 28. August 1971 an die Wehrbereichsverwaltung V – Außenstelle Karlsruhe –, dass sie im Hinblick auf den in den Widerspruchsschreiben dargelegten Sachverhalt um eine umgehende Entscheidung: „Unser Mandant muss umgehend Klarheit haben, wie er weiter disponieren muss." Zusätzlich beantragte mein Anwalt am 3. September 1971 beim Verwaltungsgericht Freiburg hinsichtlich des Bescheids des Kreiswehrersatzamtes Offenburg vom 16.7.1971, wonach mein Antrag vom 28.5.71 auf Zurückstellung vom Wehrdienst zurückgewiesen worden war, sowie hinsichtlich des Einberufungsbescheids vom 28.7.71 die aufschiebende Wirkung anzuordnen.

Seit dem Erhalt meines Einberufungsbescheids befand ich mich in einer angespannten und nervigen Lebensphase. Die Termine beim Anwalt, die wahrscheinlich geringen juristischen Erfolgsaussichten, die angekündigte Einberufung, meine Nicht-Anerkennung als Kriegsdienstverweigerer, die unklare Zukunft meines Studiums und die dadurch bedingten Einflüsse auf meine schon älteren Eltern, belasteten zunehmend meine Psyche. Ausgehend von diesen aktuellen Problemen schrieb ich am 27.8.1971 an das Kreiswehrersatzamt Offenburg um meine momentane gesundheitliche Verfassung zu melden:

„Am 28.8.71 habe ich Ihnen (Herrn ROI Pink) ein fachärztliches Attest von Herrn Dr. Beer ausgehändigt. Zu den darin geltend gemachten Kreislaufregulationsstörungen sind heftige Depressionen dazugekommen. Seit ich im letzten Jahr (April 1970) einen Nervenzusammenbruch hatte, bin ich mit Kreislaufstörungen und Depressionen behaftet. Beides beeinflusst mich ständig und zwar besonders in außergewöhnlichen Situationen, die spezielle Anstrengungen in physischer und psychischer Hinsicht erfordern. Und gerade  jetzt sehe ich ein noch größeres Handikap auf mich zukommen. Da ich mein bereits fortgeschrittenes Studium (3. Semester – angefangene Zwischenprüfung) abbrechen muss, weil ich einen Einberufungsbescheid zum 4.10.71 erhielt, bin ich daher sehr deprimiert. Dies wird alles noch dadurch verschlimmert, dass ich im Allgemeinen von Grund auf eine sehr labile Person in körperlicher und seelischer Hinsicht bin. So war ich z. B. in meiner Kindheit sehr viel krank (Bronchitis, Lungenentzündung, Mandelentzündung usw.), was natürlich einen gewissen Einfluss auf  meine Konstitution genommen hat. Des Weiteren befürchte ich um meine psychische und auch für meine physische Gesundheit schlimmes, wenn ich an den bevorstehen Grundwehrdienst denke. Ich glaube, dass ich dieser permanenten Anstrengung und den schnell wechselnden Situationen mit den komplizierten Sachverhalten nicht gewachsen bin. Vielmehr nehme ich an, dass meine Kreislaufstörungen und meine Depressionen dadurch noch verstärkt werden. Insbesondere hat sich auch die familiäre Situation zu Hause geändert, denn meine Eltern (66 und 64 Jahre alt) berührt diese Angelegenheit auch sehr stark, und ihre Nerven sind dadurch sehr angegriffen worden.

Wahrscheinlich werde ich mich in nächster Zeit in psychotherapeutische Behandlung begeben, wenn sich an meinem Verhalten nicht sehr schnell etwas ändert.

Ich hoffe, dass Sie eine Überprüfungsuntersuchung anordnen werden und hoffe auf baldige Antwort von Ihnen.“

Auf meinen Brief reagierte das Kreiswehrersatzamt Offenburg am 7. September 1971:

„Sehr geehrter Herr Metzinger!

Auf Grund der Stellung des beamteten Arztes beim Kreiswehrersatzamt Offenburg wird auf Ihre Einberufung zum 4. Oktober 1971 verzichtet.

Der Einberufungsbescheid vom 28.7.1971 wird hiermit widerrufen und ist mit allen Anlagen bis zum 14.9.1971 dem Kreiswehrersatzamt Offenburg zurückzugeben.

Zu gegebener Zeit werden Sie zu einer Überprüfungsuntersuchung geladen."

Das Verwaltungsgericht Freiburg, II. Kammer, kam am 29. September 1971 in der Verwaltungs-rechtssache des Studenten A. Metzinger (Antragsteller) gegen die Bundesrepublik Deutschland (Antragsgegnerin) wegen Einberufung und Zurückstellung bezüglich des Antrags auf Anordnung der aufschiebenden Wirkung zu dem folgenden Beschluss:

„Das Verfahren wird eingestellt.

Die Kosten des Verfahrens tragen die Beteiligten je zur Hälfte.

Für das Verfahren wird eine Gebühr von 60.- DM angesetzt.

G r ü n d e

Nachdem die Beteiligten im Hinblick auf den Widerruf des Einberufungsbescheides durch das Kreiswehrersatzamt Offenburg das Verfahren in der Hauptsache übereinstimmend für erledigt erklärt haben, ist es zur Klarstellung in rechtsähnlicher Anwendung des § 92 Abs. 2 VwGO einzustellen.

Über die Verfahrenskosten ist gemäß § 161 Abs. 2 VwGO unter Berücksichtigung des bisherigen Sachstandes nach billigem Ermessen zu entscheiden. Hier entspricht es billigem Ermessen, die Kosten des Verfahrens dem Antragsteller und der Antragsgegnerin zu gleichen Teilen aufzuerlegen. Die Antragsgegnerin hat zwar dem Verfahrensbegehren des Antragstellers zu einem Zeitpunkt durch den Widerruf des Einberufungsbescheides entsprochen, in dem sie von diesem Verfahren noch keine Kenntnis hatte. Sie hat dieses aber mit Rücksicht auf eine von dem Antragsteller erhobene Tauglichkeitsrüge getan, weil eine Überprüfungsuntersuchung erst in der Zeit zwischen Oktober/November 1971 stattfinden wird, nicht jedoch im Hinblick auf die von dem Antragsteller hier ausschließlich vorgetragenen Zurückstellungsgründe im Sinne von § 12 Abs. 4 WehrpflG.

Da die Antragsgegnerin somit das Begehren des Antragstellers nicht im Hinblick auf den ursprünglich zur Entscheidung gestellten Sachverhalt „anerkannt" und einen als rechtswidrig erkannten Bescheid widerrufen hat, entspricht die Kostenteilung der Billigkeit, denn der Sach- und Streitstand ist noch nicht hinreichend geklärt. Zwar wäre der Antragsteller mit seinem bisherigen Vorbringen voraussichtlich unterlegen, weil die vorgetragenen Zurückstellungsgründe für eine Zurückstellung nach § 12 Abs. 4 WehrpflG nicht ausreichend erscheinen, denn sie begründen keine besondere Härte im Sinne dieser Vorschrift. Dem Gericht ist aber durch die Antragsgegnerin bekannt geworden, dass der Antragsteller auch noch eine Tauglichkeitsrüge erhoben hat. Ob diese Rüge Erfolg hat, der Antragsteller also nicht einberufen werden darf, vermag das Gericht ohne Kenntnis der Verwaltungsvorgänge, die immerhin die Wehrbehörde zur Überprüfung des Gesundheitszustandes veranlasst haben, nicht zu übersehen. Dieser Umstand spricht dafür, dass auch die Antragsgegnerin einen Teil der Verfahrenskosten zu tragen hat. Der Gebührensatz beruht auf §§ 1 u. 6 des Bad. Verw.GebGes in Verbindung mit § 189 VwGO.

Ein Rechtsmittel gegen diese Entscheidung ist nicht gegeben.

gez. Dr. Gierth                    gez. Rudolph

    gez. von Bargen

Allen drei Richtern der II. Kammer des Verwaltungsgerichts Freiburg sollte ich am 25.4.1975 im Rahmen meines Anerkennungsverfahrens als

Kriegsdienstverweigerer face-to-face gegenüber stehen. Wie schon in den Gründen der Verfahrenseinstellung angedeutet, hätte ich wohl diesen bevorstehenden Prozess verloren. Die drei Richter sahen in meinem Fall nach den bis jetzt vorgebrachten Gründen keine besondere Härte für eine Zurückstellung vorliegen. Der juristische Weg hätte also für mich voraussichtlich zu  einer Niederlage geführt, aber ich hatte durch meine eigene Initiative mehr erreicht. Ich gehe davon aus, dass mein Schreiben vom 27.8.1971 mit dem ärztlichen Attest des Chefarztes des Bühler Kreiskrankenhauses Dr. Beer doch einen nachhaltigen Eindruck bei der ärztlichen Abteilung des Kreiswehrersatzamtes Offenburg bewirkt hat.


2. Einberufung

Am 13. Februar 1975 hatte ich nach Ablegung der geforderten schriftlichen und mündlichen Prüfungen den Titel eines Magister Artium (Hauptfach: Erziehungswissenschaft, Nebenfächer: Psychologie und Soziologie) an der Universität Konstanz verliehen bekommen. Nur 11 Tage später erhielt ich vom Kreiswehrersatzamt Karlsruhe nach mehreren Nachmusterungen und Zurückstellungen meine zweite Einberufung zur Bundeswehr. Zum 20.05.1975 wurde ich gebeten, mich bis 18.00 Uhr in Schwarzenborn „zum Diensteintritt zu stellen."  1936 während des NS-Regimes hatte die Wehrmacht den Truppenübungsplatz Schwarzenborn errichtet, dem dann der Bau einer Kaserne folgte. Nach meinem erfolgreichen Studienabschluss fast sofort danach eine solche niederschmetternde Nachricht zu erhalten, bedeutete für mich eine herbe Enttäuschung. Die Aussicht, als nicht-anerkannter Kriegsdienstverweigerer mit einem Universitätsabschluss kurz vor meinem 25. Geburtstag zusammen mit 18 bis 20-jährigen Rekruten in einem abgelegen „Kaff" in der Nähe zur DDR-Grenze in der Bundeswehr zu „dienen", löste bei mir eine große Betroffenheit aus. Zu allererst schaute ich mal im Atlas nach, wo genau denn Schwarzenborn liegt. Ich musste feststellen, dass diese nach der Einwohnerzahl kleinste Stadt (1159 Einwohner am 31.12.2019) und heute zweitkleinste Gemeinde Hessens sehr abseits von größeren Städten im Schwalm-Eder-Kreis (seit 1974) in Nordhessen lag. In einer Mini-Stadt im

„Zonenrandgebiet" ohne eigenen Anschluss an das Schienennetz sollte ich also meinen Bundeswehrdienst leisten. Diese Einberufung empfand ich als eine Art Strafaktion von Seiten der Bundeswehrbehörden gegenüber meinem langen und hartnäckigen Kampf um meine Anerkennung als Kriegsdienstverweigerer. Durch meine Anerkennung als Kriegsdienstverweigerer durch das Verwaltungsgericht Freiburg am 25.04.1975 konnte meine Einberufung erfolgreich abgewendet werden.

## 3.11 Musterungen

1. Musterung

Meine erste Musterung fand am 7.3.1969 im Kreiswehrersatzamt Offenburg statt (siehe S. 2 f.).

2. Musterung

In den ersten Monaten des Jahres 1970 litt ich nach einem unerwarteten Todesfall in der Verwandtschaft und vermutlich durch den Stress vor und während der schriftlichen Abiturprüfungen hervorgerufen, unter Kreislaufproblemen und einer gewissen labilen gesundheitlichen Verfassung. Mein Hausarzt hatte mich deshalb zu einer Untersuchung in das Bühler Kreiskrankenhaus überwiesen. Das dabei erstellte ärztliche Untersuchungsergebnis schickte ich deshalb  im Rahmen der sog. Wehrüberwachung am 22.4.1970 an das Kreiswehrersatzamt Offenburg. Am 27. April 1970 bat mich das Kreiswehrersatzamt Offenburg um die Übersendung eines ärztlichen bzw. fachärztlichen Attestes: „Sofern innerhalb von zwei Wochen diese Unterlagen hier nicht eintreffen, darf angenommen werden, dass die angeführten Störungen inzwischen beseitigt sind und Ihre Verfügbarkeit wieder hergestellt ist" (Kreiswehrersatzamt Offenburg, 27.4.1970). Auf dieses Schreiben reagierte ich am 5. Mai 1970 mit dem folgenden Brief: „In Ihrem Schreiben vom 27.4.70 fordern Sie mich auf, Ihnen ein ärztliches Attest zu schicken. Ich habe meinem Schreiben vom

22.4.70 den ärztlichen Befund meiner Untersuchung im Krankenhaus Bühl beigelegt. Ich persönlich betrachte diesen Befund als Attest, und ich verstehe Ihre Aufforderungen, Ihnen ein Attest zu schicken, nicht ganz. Ich habe mich überhaupt gewundert, dass Sie den ärztlichen Befund überhaupt nicht erwähnt haben, obwohl er doch deutlich im Briefumschlag war."

Das Kreiswehrersatzamt Offenburg teilte mir daraufhin am 24.6.1970 mit, dass ich mich am 13.7.70 um 13.00 Uhr zur Überprüfungsuntersuchung in Offenburg vorzustellen habe.  Bei dieser 2. Musterung wurde ich auch von einem Facharzt in Offenburg untersucht, der mir „nervliche Labilität" bescheinigte und mich bat, bei meinem Hausarzt spezielle Medikamente verschreiben zu lassen. Am 23.7.1970 erhielt ich vom Kreiswehrersatzamt Offenburg die Nachricht: „Die abgeschlossene Überprüfungsuntersuchung am 13.7.1970 hat ergeben, dass eine Änderung Ihres Tauglichkeitsgrades „tauglich" (T) nicht eintritt."  Mit drei Briefen vom 2.8., 2.9. und 22.9.1970 kritisierte ich diese Entscheidung, u. a. auch damit, dass sich mein Gesundheitszustand seit der 1. Musterung geändert habe und wies auch auf die nun notwendige Einnahme von Medikamenten wegen meinen nervlichen Problemen hin. Am 24.9.1970 antwortete endlich das Kreiswehrersatzamt Offenburg: „Auf Grund der in Ihrem Schreiben vom 2.8.70 geltend gemachten Bedenken hinsichtlich gesundheitlicher Probleme hat der Medizinalbeamte des Kreiswehrersatzamtes Offenburg am 8.9.70 entschieden, dass Sie körperlich voll belastbar sind und organisch keine krankhaften Veränderungen am Herz- und Kreislaufsystem bestehen. Dabei wurde das fachinterne Untersuchungsergebnis berücksichtigt. Somit tritt eine Änderung des Tauglichkeits-grades nicht ein.

Nachdem der Medizinalbeamte bereits in der musterungsfreien Zeit seinen Urlaub nehmen muss und bis Anfang September im Urlaub war, konnte jetzt erst die Entscheidung getroffen werden."

3. Musterung

Nachdem das Kreiswehrersatzamt Offenburg meine Einberufung zur Bundeswehr am 27.8.1971 widerrufen hatte, war mir bewusst, dass ich laut Kreiswehrersatzamt „zu gegebener Zeit zu einer Überprüfungsuntersuchung geladen" (7.9.1971) werde. Zum 19.11.71 erhielt ich dann auch eine Ladung zur Überprüfungsuntersuchung im Kreiswehrersatzamt Donaueschingen. Ich musste diesen Termin aber absagen, denn am 19.11.71 musste ich eine wichtige Klausur schreiben, die Voraussetzung für die Zwischenprüfung war. Ich bat deshalb um eine Terminverschiebung in die Weihnachtsferien vom 17.12.71 bis 10.1.1972. Das Kreiswehrersatzamt Donaueschingen ging auf meinen Vorschlag nicht ein, sondern setzte nun den 14.12.71 als neuen Termin fest. Infolge einer Grippe war ich aber nach Hause (Ottersweier) gefahren, weil ich mir dort bessere Möglichkeiten zur Heilung der Krankheit versprach. Ich beantragte deshalb eine erneute Terminverlegung: „Da aus dem Verlauf der Grippe zu schließen ist, dass es bis zur Heilung noch einige Tage dauern wird, werde ich am 14.12.71 nicht zur Überprüfungsuntersuchung in Donaueschingen erscheinen können" (10.12.1971). Interessanterweise erhielt ich dann die nächste Ladung zu meiner Nachmusterung vom Kreiswehrersatzamt Offenburg zum 31.1.72, wo ich auch gemustert werden sollte. Meine Mutter schrieb am 28.1.1972 an das Kreiswehrersatzamt Offenburg: „Ich möchte Ihnen mitteilen, dass mein Sohn Adalbert zur Überprüfungsuntersuchung am 31.1.72 nicht erscheinen kann. Seit dem 10.1. ist mein Sohn wieder in Konstanz, um sein Studium dort fortzusetzen. Wie mir bekannt ist, endet das Semester um den 10. Februar herum, so dass mein Sohn etwa ab Mitte Februar wieder in Ottersweier sein wird." Das Kreiswehrersatzamt Offen-burg reagierte darauf mit dem folgenden Schreiben:

Kreiswehrersatzamt                76  Offenburg, 4. Febr. 1972
     Offenburg                        Hauptstraße 34 c
II 1.4 Az 24-07-01                    Tel.: 4021/4022


Herrn

Adalbert Metzinger


7583    Ottersweier

        Hauptstraße 31

Betr.: Überprüfungsuntersuchung
Vorg.: Ladung zum   31.1.1972

Sehr geehrter Herr Metzinger!

Sie sind am 31.1.1972 der Überprüfungsuntersuchung unentschuldigt ferngeblieben.
Da Sie nach § 17 (4) des Wehrpflichtgesetzes und
§ 13 (3) der Musterungsverordnung verpflichtet
sind, sich zur Überprüfungsuntersuchung vorzustellen, bitte ich, mir unverzüglich mitzuteilen,
aus welchem Grunde Sie meiner Aufforderung nicht
Folge geleistet haben.

Bei Krankheit ist eine ärztliche Bescheinigung
vorzulegen.
                        Hochachtungsvoll
                        Im Auftrag

Auf dieses Schreiben antwortete ich am 11.2.72 folgendermaßen:

„In Ihrem Schreiben vom 4.2.72 teilten Sie mir mit, dass ich der Überprüfungsuntersuchung am 31.1.1972 unentschuldigt ferngeblieben wäre. Diese Behauptung von Ihnen möchte ich strikt zurückweisen. Am Samstag, den 29.1. kam Ihre Vorladung zur Überprüfungsuntersuchung in Ottersweier an. Daraufhin schrieb meine Mutter noch am selben Tag eine Entschuldigung für mich, aus der hervorging, dass ich zu dem angegebenen Musterungstermin noch in Konstanz war und ich erst etwa um 15.2. nach Ottersweier komme, weil dann die Semesterferien beginnen.

Ich kann deshalb Ihren Vorwurf nicht verstehen. Ich kann es mir nur so erklären, dass Sie den Brief meiner Mutter zu dem Zeitpunkt noch nicht geöffnet hatten, als Sie Ihren Brief vom 4.2. abschickten."

Die nächste Ladung zur Überprüfungsuntersuchung erhielt ich dann wieder vom Kreiswehrersatzamt Donaueschingen für den 19.5.1972. Dieses Mal bat ich um eine Vorverlegung auf den 12.5., weil ich wegen den Pfingstferien bereits am 18.5. nach Hause fahren werde. Meine 3. Musterung fand dann tatsächlich am 12.5.72 im Kreiswehrersatzamt Donaueschingen statt. Das Ergebnis lautete, dass ich weiterhin tauglich sei. Am 24.6.72 legte ich gegen diese Entscheidung Widerspruch ein:

„Mein Widerspruch gegen das Ergebnis der Überprüfungsuntersuchung richtet sich gegen die oberflächliche Untersuchung, die zum einen überhaupt keinen Bezug auf mein beigefügtes Attest nahm. Die Untersuchung beschränkte sich auf die üblichen Routineuntersuchungen. Im Wehrpflichtgesetz § 17 Abs. 4 heißt es u.a.: „.....sind auf ihre geistige und körperliche Tauglichkeit eingehend ärztlich zu untersuchen." Ich konnte aber leider nur das Gegenteil von dem geforderten feststellen, d. h. mein geltend gemachter nervlicher und seelischer Zustand kam in der Untersuchung überhaupt nicht zur Sprache.

Bei der mündlichen Übermittlung des Ausgangs der Überprüfungsuntersuchung wurde mir mitgeteilt, dass ich für die drei Bundeswehrgattungen Gebirgsjäger, Fallschirmspringer und ABC-Truppe untauglich wäre. Dabei muss ich nun fragen, warum ich für diese Bereiche untauglich, aber für den übrigen Grundwehrdienst tauglich bin.

Ihre Entscheidung vom 12.5. berücksichtigt überhaupt nicht meine vorgebrachten Krankheitsgründe. Ihre Entscheidung erscheint mir auch deshalb problematisch, weil ich keinen Einblick in die ärztlichen Untersuchungsergebnisse erhalten habe, also die Ergebnisse dieser Musterung nicht kontrollieren kann.

Aus den genannten Gründen fordere ich die Aufhebung des Bescheids der Überprüfungsuntersuchung vom 12.5.72 und beantrage eine nochmalige, meinen Bedürfnissen entsprechende, Überprüfungsuntersuchung."

4. Musterung

Das Kreiswehrersatzamt Donaueschingen lud mich nach meinem Widerspruch zum 27.7.72 zu einer erneuten Musterung. Diesen Termin verschob ich mit einer Bescheinigung meiner Dozentin, da ich an diesem Tag ein letztes Gespräch mit ihr führen wollte, um damit die Vorbereitungen zu meiner Zwischenprüfung abzuschließen. Das Kreiswehrersatzamt Donaueschingen teilte mir dann den 13.9.72 als neuen Termin mit, schickte mir diesen Brief aber an meine Konstanzer Adresse: „Erst heute (13.9.72) erhielt ich Ihr Schreiben, in dem Sie mich zur Überprüfungsunter-suchung geladen hatten. Da ich momentan Semesterferien habe, die noch bis zum 2.11. dauern, wohne ich an meinem Hauptwohnsitz in Ottersweier. Dadurch, dass Sie die Ladung nach Konstanz schickten, konnte ich  Sie nicht mehr rechtzeitig erhalten. Die Ladung wurde mir dann von dort aus nachgeschickt, weshalb ich sie erst heute erhalten habe. Es tut mir leid, dass ich Ihrer Ladung nicht Folge leisten konnte und möchte damit auch mein unentschuldigtes Fernbleiben erklären." Die 4. Musterung erfolgte dann am 10.11.1972 in Donaueschingen mit dem Ergebnis, dass ich weiterhin tauglich für die Bundeswehr war.

5. Musterung

Am 16.1.1975 hatte mir das Kreiswehrersatzamt Offenburg mitgeteilt, dass ich entweder am 1.4.75 oder am 20.5.75 zur Bundeswehr einberufen werde. Im Januar 1975 war ich aber noch immer nicht als Kriegsdienstverweigerer anerkannt und hatte außerdem auch noch keinen Termin für meine Verhandlung vor dem Verwaltungsgericht Freiburg. Außerdem konnte ich mir ja auch  nicht zu hundert Prozent sicher sein, dass ich vom Verwaltungsgericht als Kriegsdienstverweigerer anerkannt werden würde. In dieser Hinsicht ist das Urteil des Verwaltungsgerichts Stuttgart vom 7. August 1973 ein abschreckendes Beispiel. Der Kriegsdienstverweigerer hatte während seiner Anhörung auf eine Frage sich bereit erklärt, möglicherweise in einem Krieg als Sanitäter waffenlosen Dienst in der Bundeswehr zu leisten. Diese Aussage veranlasste das Gericht in seinem Urteil zu der folgenden Feststellung: „Wäre sonach jede Grenze seines Handelns dort, wo er mit seinen eigenen Händen töten müsste, so wäre er doch bereit sich mittelbar an der Waffenanwendung im Kriege und damit am Töten von Menschen zu beteiligen. Das beginnt damit, dass er als Sanitäter verwundete Soldaten gesundpflegen und einen zum Schießen  entschlossenen Mit-Sanitäter vor einem bedrohlichen Angreifer warnen würde. Dabei wägt der Kläger so ab, dass die Tötung des Angreifers eher zu ertragen wäre als die des betreuten Verwundeten, wenn er auch nachträglich Gewissensbisse zu ertragen hätte" (Mannhardt/Schwamborn, 1974, S. 68). Die Widersprüchlichkeit dieser Entscheidung des Verwaltungsgerichts Stuttgart zeigt sich darin, dass genügend Fälle bekannt sind, wo Kriegsdienstverweigerer abgelehnt wurden, weil sie im Kriegsfall als Sanitätssoldaten keinen Dienst geleistet hätten. Aufgrund dieser Aussage wurden diese Kriegsdienstverweigerer dann mangelndes menschliches Mitempfinden vorgeworfen: „Es ist gleichgültig, ob ein Kriegsdienstverweigerer Ja oder Nein sagt – zur Ablehnung reichen beide Antworten aus. So kann es auch nicht verwundern, dass das Verwaltungsgericht Stuttgart die eindeutige Gesetzeslage ignoriert, wonach sich anerkannte Verweigerer für den waffenlosen Dienst entscheiden können" (Mannhardt/Schwamborn, 1974, S. 68 f.).

So langsam kam bei mir in dieser für mich schwierigen Ausgangslage  das Gefühl von einer Art Torschlusspanik auf. Da ich mit meinem 1. Einberufungsbescheid auch ein „Merkblatt über die Meldung von Erkrankungen und Verletzungen während der Wehrüberwachung nach § 24 Abs. 7 Nr. 3 Wehrpflichtgesetz" erhalten hatte, beschloss ich ausgehend von dieser Auflistung von Krankheiten und deren Folgen umgehend am 16.1.75 mit einem Schreiben an das Kreiswehrersatzamt Karlsruhe einen erneuten Antrag auf Überprüfung der Verfügbarkeit und einer damit verbundenen Nachmusterung zu stellen.

In meinem Schreiben wies ich auf meine anhaltenden Kreislaufprobleme (Blutdruck, Regulationsstörungen) und meine nervliche Labilität hin. Seit

Dezember 1974 war ich wegen diesen Beschwerden in Behandlung bei einem Facharzt für Neurologie und Psychiatrie, der mir in seinem Attest meine Untauglichkeit und Nichtdienstfähigkeit bescheinigte. Dieses Attest fügte ich meinem Antrag bei. Mit einem Schreiben vom 24.1.1975 informierte mich das Kreiswehrersatzamt Karlsruhe, dass ich mich am 3. Februar 1975, um 7.45 Uhr zur ärztlichen Überprüfungsuntersuchung beim dortigen Kreiswehrersatzamt einzufinden habe. Da dieses Schreiben aber an meine Heimatadresse in Ottersweier ging, konnte ich das Kreiswehrersatzamt Karlsruhe erst mit einem Brief vom 30.01.75 von Konstanz aus, um eine Verschiebung diese für mich sehr kurzfristig anberaumten Termins bitten.

Der Grund für die Verschiebung lag darin begründet, dass ich mich noch mitten in den Vorbereitungen für meine im Februar 75 stattfindende mündliche Magister-Abschlussprüfung befand.  Meine Bitte wurde vom Kreiswehrersatzamt Karlsruhe mit einem Brief vom 4.2.1975 angenommen, aber nun meine Überprüfungsuntersuchung im Kreiswehrersatzamt Donaueschingen angeordnet. Der Schlusssatz dieses Schreibens enthielt die offene Drohung: „Sollten Sie der Aufforderung des Kreiswehrersatzamtes Donaueschingen wiederum nicht Folge leisten, müssen Sie mit Ihrer polizeilichen Vorführung rechnen." Am 13.2.75 schrieb ich an das Kreiswehrersatzamt Donaueschingen, dass ich den Musterungsort Donaueschingen ablehne. Ich führte dabei folgende Gründe an: Oberflächliche und unbefriedigende ärztliche Untersuchungen bei meinen Musterungen am 12.5. und 10.11.1972 und die dortigen Ärzte bieten für mich nicht die Gewähr für eine objektive Untersuchung. Ich stellte deshalb den Antrag, dass der ursprüngliche Musterungsort Karlsruhe auch weiterhin bestehen bleiben sollte, weil ich mich nicht von Ärzten untersuchen lassen möchte, die im Fall Donaueschingen mich schon einmal untersucht haben und daher befangen sein könnten. Für mich kam daher nur eine Musterung in Karlsruhe in Frage, „und ich kann daher einer Ladung des Kreiswehrersatzamtes Donaueschingen wegen starker Bedenken nicht Folge leisten." Ebenfalls schrieb ich am 13.2.75 einen Brief an das Kreiswehrersatzamt Karlsruhe:

„Ihr Brief vom 4.2.1975 endet mit dem rot unterstrichenen Satz: „Sollten Sie der Aufforderung des Kreiswehrersatzamtes Donaueschingen wiederum nicht Folge leisten, müssen Sie mit Ihrer polizeilichen Vorführung rechnen.“

Mit Befremden und Erstaunen habe ich diese offene Drohung und Ihren unfreundlichen Ton zur Kenntnis genommen. Ich möchte Ihnen diesbezüglich mitteilen, dass ich mich durch Sie nicht gängeln und bedrohen lasse.

Am 30.1.75 habe ich Sie ordnungsgemäß in einem Einschreiben über mein Fernbleiben von der Musterung am 3.2.75 informiert und mich entschuldigt. Entweder legen Sie inzwischen keinen Wert mehr auf Entschuldigungen oder Sie vergessen die eingegangene Post rechtzeitig zu öffnen.

Ihrer Bitte, dass ich mich durch das Kreiswehrersatzamt Donaueschingen ärztlich überprüft werden sollte, konnte ich aus folgenden Gründen nicht entsprechen: Ich habe mich gegen die Musterung in Donaueschingen entschieden, da mir die dortigen Ärzte keine Gewähr für eine objektive Untersuchung bieten, und ich sie in meinem Fall für befangen halte. Ich stelle deshalb den Antrag, dass der ursprüngliche Musterungsort Karlsruhe auch weiterhin bestehen bleibt.“

Das Kreiswehrersatzamt Karlsruhe antwortete mir am 25.2.75 in einem durchaus moderaten Ton: „Entsprechend Ihrem Wunsch, nun in Karlsruhe untersucht zu werden, habe ich die Überprüfungsuntersuchung an einem Ihnen genehmen Tage veranlasst. Da Sie durch die Prüfungsarbeiten sicherlich sehr in Anspruch genommen sind, könnte die Überprüfung anfangs April stattfinden. Sollte sich bei der Untersuchung eine Tauglichkeitsänderung ergeben, kann Ihre Einberufung sofort aufgehoben werden.“

Am 11.3.1975 betrat ich um 7.55 Uhr das Kreiswehrersatzamt Karlsruhe um mich zum fünften Mal mustern zu lassen. Ich betrat den Warteraum, in dem schon etwa 10 Musterungskandidaten saßen. Als dritter kam ich dann an die Reihe und musste dann zuerst Angaben zu meiner Person wie z. B. „Sind Sie ledig?", „Haben Sie Kinder?" „Was für einen Beruf haben Sie?" usw. machen. Danach wurde ich zu einer Ärztin geschickt. Sie empfing mich mit dieser Bemerkung: „Na, Sie wurden einberufen und da dachten Sie, jetzt auf krank zu machen." Ich verwies nur auf mein Attest und ersparte mir einen weiteren Kommentar. Sie fragte mich nach meinem Beruf. Sie konnte mit meinem akademischen Titel Magister Artium nichts anfangen. Ich erklärte es ihr, in dem ich den Begriff zunächst aus der lateinischen Sprache herleitete und ihn als äquivalenten Studienabschluss zum noch dominierenden Diplom erläuterte. Zu meiner Körperhaltung meinte Sie noch abschließend: „Sie stehen da wie ein Fragezeichen." Anschließend kam ich zu einem Arzt, der sich zuerst nach meiner beruflichen Tätigkeit erkundigte. Ich sagte ihm, dass ich momentan arbeitslos sei. Sofort kam seine Frage: „Gehören Sie auch zu den überprüften Bewerbern für den öffentlichen Dienst?" Dann begann eine kurze Schimpfkanonade gegen die Linken und besonders gegen eine aktuelle Panorama-Sendung vom vergangenen Montagabend. Ich gab ihm zur Antwort, dass ich nach meinem Studienabschluss eine Arbeitsstelle suche und einige interessante Angebote gerade prüfe. Er untersuchte mich besonders auf Herz und Blutdruck und stellte Krankheitssyndrome wie Bluthochdruck und vegetative Labilität fest. Zum Schluss teilte er mir mit, dass ich noch heute zu einem Facharzt zur Untersuchung muss. Am Ende meiner Musterung erhielt ich noch mein Tagesgeld (Zugrückfahrkarte und Straßenbahn) in Höhe von 19.40 DM ausbezahlt und musste kurz vor den Musterungsausschuss. Der Vorsitzende erklärte mir, dass ich zum Facharzt überwiesen wurde und dass ich den Bescheid zugestellt bekomme. Seine letzte Bemerkung lautete: „Lassen wir uns mal überraschen!"

Die anschließende Untersuchung bei dem Facharzt für innere Krankheiten ergab, dass ich aufgrund von Kreislaufstörungen vorübergehend nicht wehrdienstfähig bin.

Am 24.03.1975 stellte mir dann das Kreiswehrersatzamt Karlsruhe den Musterungsbescheid mit dem neuen Tauglichkeitsgrad mit der Unterschrift des Oberregierungsmedizinalrats Dr. Brecklinghaus zu. Gleichzeitig wurde ich bis zum 23.09.1976 vom Wehrdienst zurückgestellt: „Ihre Einberufung nach Ablauf der dieser Frist wird von dem Ergebnis einer nochmaligen ärztlichen Untersuchung abhängig gemacht. Gemäß § 24 Abs. 1 WPflG unterliegen Sie weiterhin der Wehrüberwachung" (Kreiswehrersatzamt Karlsruhe, 24.03.1975).

Das allerletzte Mal meldete sich am 12. Dezember 1975 eine staatliche Behörde bei mir und zwar handelte es sich dabei um das Bundesamt für den Zivildienst in Köln:

„Das Kreiswehrersatzamt Karlsruhe hat mir Ihre Personalakte übersandt. Sie sind durch Bescheid vom 24.3.1975 bis zum 23.9.1976 vom Wehrdienst zurückgestellt worden.

Gemäß § 17 Zivildienstgesetz gelten Entscheidungen der Wehrdienstbehörden über Wehr-dienstausnahmen auch für den Zivildienst. Vor Ablauf der Zurückstellung wird Ihre Tauglichkeit erneut überprüft." Nach dem Ablauf meiner Zurückstellung bekam ich nie mehr eine Nachricht vom Bundesamt für den Zivildienst. Vielleicht hatte man mich einfach vergessen, verfügte zu wenig Zivildienstplätze oder betrachtete man mich wegen meiner umfangreichen Personalakte (ca. 206 Seiten) sowie meinem Studienabschluss als potenziell schwierigen Zivildienstleistenden?

Mit meiner Anerkennung als Kriegsdienstverweigerer am 25.4.1975 vor dem Verwaltungsgericht Freiburg endete mein Verfahren nach fast 5 ½ Jahren mit dem von mir erhofften Ergebnis. Nach drei Gewissensprüfungen mit zwei Nichtanerkennungen, zwei Einberufungsbescheiden, fünf Musterungen und mehreren Zurückstellungen hatte ich mich gegen die Bundesrepublik Deutschland – vertreten durch die Kreiswehrersatzämter Offenburg, Donaueschingen und Karlsruhe - durchgesetzt. Dieses lange Ringen um mein Recht auf Kriegsdienstverweigerung zu erreichen, hatte mir im Laufe der Jahre erheblich zugesetzt. Gerade meine beiden „Misserfolge" vor dem Prüfungsausschuss und der Prüfungskammer sowie die beiden Einberufungsbescheiden führten bei mir zu Enttäuschungen und emotionalen Lockdowns. Es gelang mir aber trotz dieser Tiefschläge mich immer wieder zu wehren, um meine Anerkennung als Kriegsdienstverweigerer letztlich doch zu erhalten. Die Auseinandersetzung mit den verschiedenen Kreiswehrersatzämtern entwickelte sich mehr und mehr zu einer Art „behördlichem Kleinkrieg" zwischen diesen Institutionen und mir. Ich gewann dabei zunehmend den Eindruck, als ob man an mir ein Exempel statuieren wollte, was aber erst recht meine Gegenwehr herausforderte. Da ich durch die Nichtanerkennung in den ersten beiden Verhandlungen und durch meinen ersten Einberufungsbescheid nicht mehr so ohne weiteres mit meiner Anerkennung rechnete, begann ich auch auf einem anderen Gebiet gegen die Bundeswehr-Behörden zu „kämpfen". Ich setzte nun als quasi neues und zusätzliches „Kampfmittel" Anträge und Widersprüche im Zusammenhang mit Nachmusterungen ein, um meine Wehrdiensttauglichkeit anzuzweifeln. Eigentlich war mir diese Strategie zuwider, aber angesichts meiner misslichen Ausgangslage, sah ich keine andere Alternative. Als ich dann meine 2. Einberufung zur Bundeswehr zum 20.5.1975 erhielt, und ich bei der 5. Musterung am 11.3.195 als vorübergehend wehruntauglich eingestuft wurde, war bei meiner Verhandlung vor dem Verwaltungsgericht Freiburg am 25.4.1975 mein Einberufungsbescheid bereits zurückgezogen worden. Durch meine Anerkennung als Kriegsdienstverweigerer konnte ich deshalb auch nicht gleich zum Zivildienst eingezogen werden. Dieser Umstand konnte mich nicht vollständig zufrieden stellen, denn ich hätte schon gerne meinen Zivildienst geleistet. Durch mein Engagement in der Jugendzentrumsbewegung und bedingt durch mein Studium hatte ich schon mit einer Zivildienststelle in einem Jugendzentrum geliebäugelt.

## 4. Engagement für die Kriegsdienstverweigerung

Mein fast 5 ½ Jahre währender juristischer „Marathonlauf" bis zu meiner Anerkennung als Kriegsdienstverweigerer hat sehr viel zu meiner Politisierung beigetragen. Ich betrachtete meine Verweigerung als politische

Handlung und damit auch als Entscheidung gegen den Militarismus. Sicherlich haben auch die Studentenbewegung, die mit etwas Verzögerung auch in der Provinz Spuren hinterließ, der Vietnam-Krieg und mein Studium diesen Prozess und damit meine politische Bewusstseinsbildung unterstützt. Ich begann zunehmend Zusammenhänge im politischen und gesellschaftlichen Geschehen zu erkennen und zu verstehen. Ebenso half mir die selbstbestimmte Erarbeitung einschlägiger Literatur zu mehr eigenständiger Urteilskraft und zur Vermittlung und Stärkung meiner Kritikfähigkeit. Dieser Bewusstseinsprozess führte zur Herausbildung meiner aktiven Betätigung und initiierte damit mein politisches Engagement: „Wer politisch denkt und handelt, kann seine Interessen nur dann wirksam vertreten, wenn er solidarisch handelt. Er muss sich organisieren, um seinen Forderungen Wirksamkeit zu verleihen. Nur gemeinsam, nur organisiert können Kriegsdienstverweigerer den antimilitaristischen Kampf führen, Kriegsursachen erkennen und beseitigen" (Schwamborn, 1978, S. 105). Ausgehend vom Inhalt dieses Zitates trat ich Ende August 1971 dem „Verband der Kriegsdienstverweigerer" bei und wurde der VK-Gruppe Mittelbaden zugeordnet.

## 4.1 Arbeitskreis Kriegsdienstverweigerung Ottersweier

Um meinen Anspruch nach einem politischen Engagement auf dem Gebiet der Kriegsdienstverweigerung umzusetzen, gründete ich am 22.09.1971 den „Arbeitskreis Kriegsdienstverweigerung Ottersweier". Durch meine gute Vernetzung in meinem Heimatort (Ministranten, Katholische Jugend und Fußballverein), über Mund-zu-Mund-Kommunikation und mit Hilfe einer Anzeige im Gemeindeanzeiger versuchte ich Ottersweierer Jugendliche für die erste Versammlung zu gewinnen. Aufgrund meiner guten Kontakte zum katholischen Ortsgeistlichen wählte ich das zur Pfarrgemeinde gehörende St. Johannesheim als Treffpunkt. Es kamen insgesamt 17 Jugendliche, wobei fünf aus zwei anderen Orten der Umgebung stammten. Zu Anfang informierte ich die

Anwesenden über den juristischen Weg zur Kriegsdienstverweigerung (Recht auf KDV, Artikel 4 (3) des Grundgesetzes, Antragstellung, Verhandlung vor dem Prüfungsausschuss und der Prüfungs-kammer, Verwaltungsgericht, Zivildienst). In der Diskussion über die zukünftige Ausrichtung und Tätigkeit kamen wir überein, dass die Weiterarbeit vorerst fortgesetzt werden sollte, ohne dass die Gruppe einer Kriegsdienstverweigererorganisation beitritt, denn zunächst sollten die einzelnen Mitglieder zu einer wirklichen Gruppe werden und deshalb einmal unabhängig tätig sein. Die Anwesenden beschlossen, dass die weitere Arbeit in der nahen Zukunft durch das Vortragen von Referaten zu bestimmten Themen geschehen sollte. Der erste Referent sollte sich beim nächsten Treffen im Oktober mit den Gründen und Motiven der Kriegsdienstverweigerung – insbesondere mit den moralisch-ethisch-religiösen Aspekten – befassen. Außerdem wurden drei Verantwortliche für die organisatorischen Angelegenheiten des Arbeitskreises bestimmt.

Nach der 2. Sitzung des Arbeitskreises am 13.10.1971 kündigte der Pfarrgemeinderat dem Arbeitskreis die Benutzung des Raumes im St. Johannesheim und zwar u.a. mit der Begründung, dass der Arbeitskreis die Jugend einseitig und tendenziös beeinflusse und der Arbeitskreis zudem einen schlechten Eindruck auf das Johannesheim und auf die Kirchengemeinde erwecken würde. Auf diesen Beschluss reagierte Oskar Dietrich im Auftrag des Arbeitskreises am 23.10.1971  mit einem Leserbrief im „Badischen Tagblatt", in dem er die geäußerten Unterstellungen zurückwies: „Wir finden die Vorwürfe fadenscheinig und äußerst undemokratisch." Nach diesem Rauswurf traf sich der Arbeitskreis regelmäßig alle zwei Wochen im Gasthaus „Krone" in Ottersweier. In den folgenden Sitzungen wurden z. B. die folgenden Themen in Einzel- oder Kleingruppenreferaten vertieft: Gewaltloser Widerstand (Gandhi), Rüstungspolitik (z. B. Deutsche Waffen für die Dritte Welt), Humanitäre Motivation der Kriegsdienstverweigerung, Entwicklung der Bundesrepublik seit 1945, Anerkennungsverfahren und Verwaltungsgerichtsurteile, Zivildienst, Aggression und Krieg usw. Als erste Aktion wurde zu Weihnachten 1971

das Verteilen des Flugblattes „Es weihnachtet……" in Ottersweier durchgeführt:

„Weihnachten wird allgemein als Fest des Friedens bezeichnet. Trotzdem wird an vielen Orten der Welt Krieg geführt und viele Menschen
fallen diesem grausamen Geschehen zum Opfer. Wir aber lassen uns von
dem Weihnachtsrummel mitreißen und überhäufen uns mit oft unnüt-
zen Geschenken. Die Eltern kaufen den Kindern Kriegsspielzeug wie Pan-
zer, Gewehre, Raketen und ähnliche Spiele.

Kriegsspielzeug kann zur Folge haben, dass die kindlichen Aggressionen
auf negative Weise abgeleitet werden und somit in ein Freund-Feind-
Verhalten münden. Das Kind lernt mit Kriegsspielzeug wie es seinen
Spielkameraden besiegen kann. Die Kinder werden außerdem auf unter-
schwellige Weise durch das Kriegsspielzeug zu einer leichtfertigen Anwendung von Waffen geführt.

Das Verhängnisvolle am Kriegsspielzeug ist, dass der Umgang mit Waffen
als etwas Spielerisches angesehen wird.

Sie sollten sich daher überlegen, ob Sie Ihren Kindern nicht lieber päda-
gogisch wertvolles Spielzeug schenken, anstatt Kriegsspielzeug!"


Der Arbeitskreis lud am 21.4.1972 ehemalige Klassenkameraden des
Jahrgangs 1955 ein, die demnächst zur Musterung mussten. Mit diesem
Treffen sollte einer einseitigen Information von Seiten der Bundeswehr
vorgebeugt werden.

„Liebe ehemalige Schulkameraden!

Jedes Jahr flattern die Musterungsbescheide ins Haus. Man ruft uns Jugendliche zu den Soldaten.

In Ottersweier gibt es nun den „Arbeitskreis Kriegsdienstverweigerung".
Er beruft sich auf Artikel 4 Abs. 3 des Grundgesetzes, in dem es heißt:

Niemand darf gegen sein Gewissen zum Kriegsdienst mit der Waffe gezwungen werden!

Es liegt uns viel daran einmal eure Meinung und eure Probleme zwecks Einberufung zur Bundeswehr zu hören. Wir wollen euch nicht etwas vormachen oder etwa einseitig beeinflussen, wie man uns schon oft vorwarf. Es geht darum, ein Gespräch mit euch, unseren ehemaligen Schulkameraden, zu führen, mit denen wir schon manch schöne Stunden in der Volksschule verbringen durften."

Zu einer größeren Veranstaltung des „AK KDV Ottersweier" kam es durch die Zusammenarbeit mit den Jusos in Bühl am 2.2.1973 (ca. 60 Teilnehmer). Unter dem Motto „Viel Geld für nichts oder wozu brauchen wir die Bundeswehr?" referierten ein Jugendoffizier der Bundeswehr und als Vertreter des „AK KDV Ottersweier" Oskar Dietrich jun.

# Bundeswehr im Brennpunkt einer Juso-Diskussion

### Es referierten Oberleutnant Dieter und ein Vertreter der Kriegsdienstverweigerer

BÜHL — „Brauchen wir die Bundeswehr?" Das war das Thema einer dieser Tage stattfindenden Diskussionsveranstaltung der Bühler Jungsozialisten, zu der Versammlungsleiter Heinz Ziegler über 60 meist jugendliche Zuhörer begrüßen konnte. Als Referenten hatten die Jungsozialisten den Oberleutnant der Bundeswehr, Hans-H. Dieter und einen Vertreter des Arbeitskreises der Kriegsdienstverweigerer Ottersweier, Oskar Dietrich jun., eingeladen.

In einem einleitenden Referat erläutert Dietrich zunächst, welche Ereignisse nach dem zweiten Weltkrieg zur deutschen Wiederbewaffnung geführt hätten. Er erwähnte die hohen Kosten, die die Bundeswehr Jahr für Jahr bringe und sprach sich mit Nachdruck für eine baldige Abrüstung aus. Die Kriegsdienstverweigerung, von vielen als eine Art „vaterlandslose Gesinnung" verurteilt, bezeichnete der Referent als Dienst am Frieden, denn bisher habe die ganze Geschichte der Menschheit gezeigt, daß eine Aufrüstung zur Friedenserhaltung in 90 Prozent aller Fälle zum Krieg geführt habe.

Oberleutnant Dieter erläuterte in seinem Referat die Stellung der Bundeswehr vor allem im Blick auf das westliche Verteidigungsbündnis, die NATO. Er erklärte, die Truppen des Warschauer Paktes seien denen der NATO zur Zeit überlegen. Seine Aufgabe als Soldat sehe er vor allem darin, einen Krieg zu verhüten. Darum sei auch die häufig geäußerte Meinung, Kriegsdienstverweigerung sei Friedensdienst, während Soldat sein hieße, einen Krieg vorzubereiten, falsch. Beides, so Dieter, könne man als Friedensdienst bezeichnen.

In der anschließenden, teilweise recht turbulenten Diskussion wurde der Bundeswehr ein einseitiges, auf den Osten gerichtetes, Feindbild vorgeworfen. Dazu erklärte der Bundeswehrvertreter, die Mächte des Warschauer Paktes hegten zur Zeit mit Sicherheit keine Angriffsabsichten, was die Bundeswehr aber nicht unnötig mache, da immer wieder ähnliche Situationen denkbar seien, wie etwa 1962 die Kuba-Krise.

Ein anderer Diskussionsredner kritisierte die Inhumanität der heutigen Kriegsführung. Zwar habe man bestimmte Waffen, wie zum Beispiel Dum-Dum-Geschosse geächtet, auf der anderen Seite aber sprächen hohe Militärs von Mega-Toten und wendeten Plastikbomben an, deren Splitter auf Röntgenschirmen nicht sichtbar gemacht werden könnten. Dem Vorwurf, die Bundeswehr unterstützte faschistische Regime wie Portugal und Griechenland, entgegnete Dieter, dies sei allein Sache der Wirtschaft und des Parlaments. Auf Waffenlieferungen könne die Bundeswehr keinen Einfluß nehmen.

Der Vertreter der Kriegsdienstverweigerer, Oskar Dietrich, widersprach der Behauptung, die Bundeswehr sei 1956 in Übereinstimmung mit der Bevölkerungsmehrheit eingeführt worden. Ein Diskussionsredner erklärte, eine Volksabstimmung zu diesem Thema sei damals verhindert worden, weil man fürchtete, daß sich das Volk gegen die Wiederaufrüstung aussprechen würde. Heute allerdings, so entgegnete Dieter anhand einer Emnid-Umfrage, sähe 50 Prozent der Gesamtbevölkerung das Bestehen der Bundeswehr als sehr wichtig an. Allerdings hätten bei der gleichen Umfrage jugendlich Befragte ausschließlich erklärt, sie würden ihren Wehrdienst ungern ableisten.

Badisches Tagblatt, 7.2.1973


Um die Arbeit noch wirkungsvoller zu gestalten, erwog der Arbeitskreis Anfang 1973 den Beitritt zu einer der beiden KDV-Organisationen „Verband der Kriegsdienstverweigerer in der War Resisters' International e.V. (VK) oder der „Deutschen Friedensgesellschaft – Internationale der Kriegsdienstgegner e.V. (DFG-IDK). Der Verband der Kriegsdienstverweigerer (VK) entstand 1958 aus der Bewegung gegen die Remilitarisierung mit dem Ziel, über das in der Verfassung der Bundesrepublik verankerte Recht auf Kriegsdienstverweigerung aufzuklären und die Kriegsdienstverweigerer zu organisieren. Die Deutsche Friedensgesellschaft (DFG) steht seit ihrer Gründung im Jahre 1892 in der aktiven Friedensarbeit. Vor dem 1. Weltkrieg führte sie einen kompromisslosen politischen Kampf gegen den deutschen Militarismus und forderte die allgemeine Abrüstung. 1919 erhob sie die Forderung nach Abschaffung der allgemeinen Wehrpflicht. Mit der Warnung „Stahlhelm und Hakenkreuz sind Deutschlands Untergang" führte sie den Kampf gegen Hitler. Fünf ihrer Mitglieder erhielten den Friedensnobelpreis.

Die Internationale der Kriegsdienstgegner (IDK) wurde 1921 als der deutsche Zweig der War Resisters' Internationale (WIR) gegründet. Damals trafen sich in Holland junge Kriegsdienstverweigerer aus vier europäischen Ländern. Sie schlossen sich in der WIR zusammen, um die Kriegsdienstverweigerung zu organisieren und gewaltlosen Widerstand gegen jede Kriegsvorbereitung zu leisten: „Ich richte meine Worte an Euch Mitglieder der WIR, weil Ihr die Bewegung darstellt, die die größte Möglichkeit hat, den Krieg zu beseitigen. Wenn Ihr weise und tapfer handelt, kann Eure Gemeinschaft von Männern und Frauen in der größten aller menschlichen Bestrebungen die wirksamste Rolle spielen. Eure Mitglieder besitzen eine innere Kraft, viel mächtiger als das Schwert. Alle Nationen der Welt reden von Abrüstung. Ihr müsst sie zu etwas mehr als Reden führen. Das Volk muss diese Sache den Staatsmännern und Diplomaten aus der Hand und sie in die eigenen Hände nehmen" (Albert Einstein in einem Brief an die WIR).

1968 schlossen sich in München die DFG und die IDK zur DFG-IDK zusammen und am 23./24.11.1974 erfolgte in Bonn die Fusion von DFG-IDK und VK zur Deutschen Friedensgesellschaft-Vereinigte Kriegsdienstgegner (DFG-VK).

Im März 1973 fand die Gründungsversammlung der DFG-IDK-Gruppe Ottersweier mit etwa 30 Jugendlichen statt.

# Kriegsdienstverweigerer schlossen sich zusammen

**Ottersweier.** Dieser Tage fand die Gründungsversammlung des Arbeitskreises Kriegsdienstverweigerung, Ottersweier, zu einer DFG-IDK-Gruppe (Deutsche Friedensgesellschaft — Internationale Kriegsdienstgegner) statt. Dieser Arbeitskreis ist schon seit fast zwei Jahren in Ottersweier tätig. Zu der Veranstaltung waren etwa 30 Jugendliche erschienen. Unter den Anwesenden befanden sich u. a. zwei Mitglieder des Landesvorstandes der DFG-IDK-Baden-Württemberg sowie ein Mitglied der Rastatter Gruppe. Oskar Dietrich jr. referierte über ethische und humanitäre Gründe der Kriegsdienstverweigerung. Hans-Jürgen Kobus untersuchte die Abschreckungstheorie und vertrat dabei die Meinung, daß die Abschreckung mit nuklearen Waffen einen konventionellen Krieg nicht verhindern könne. Über die Militarisierung der Gesellschaft sprach Wolf Hasel. Reinhold Wald behandelte das Thema: „Nato-Waffen des Imperialismus". In einem weiteren Referat befaßte er sich mit der wirtschaftlichen Bedeutung der Bundeswehr. In einer Tonbildschau wurden die Rechte der Kriegsdienstverweigerer dargestellt. Den Referaten schloß sich eine Diskussion und ein Informationsaustausch an. Am Mittwoch, 18. April, wird im Gasthaus „Zur Krone" eine Sitzung der neugegründeten Gruppe stattfinden, zu der alle Interessierten eingeladen sind.

Acher- und Bühler Bote, 14.3.1973

Durch häufige Hinweise wie z. B. „DFG-IDK-Gruppe tagt" oder „Informationsstunde" in den bei-den Tageszeitungen „Acher- und Bühler Bote" sowie dem „Badischen Tagblatt" versuchte die KDV-Gruppe die Aufmerksamkeit in der Öffentlichkeit zu gewinnen. Oft wurde dabei vor der eigentlichen Gruppensitzung eine sog. „Informationsstunde" angeboten, in der Auskünfte über Rechts- und Verfahrensfragen zur Kriegsdienstverweigerung gegeben wurden. Da sich ganz in der Nähe von Ottersweier in Achern eine Bundeswehrkaserne befand (Garnisonsstärke etwa 2 000 Soldaten) und der Tag der Rekruteneinberufung am 1.10.1973 bevorstand, entschloss sich die DFG-IDK-Gruppe Ottersweier zu einer dortigen Flugblattaktion. Die Intention dieser Aktion zielte daraufhin, Kontakte mit den Rekruten herzustellen und sie auf das Recht der Kriegs-dienst-verweigerung hinzuweisen. Unter dem Motto „Es ist nie zu spät zum Verweigern" verfasste unsere Gruppe das folgende Flugblatt:

„Du beginnst heute Deinen Wehrdienst bei der Bundeswehr. Damit trittst Du in eine besondere Institution ein, die sich besonders durch folgende Punkte auszeichnet:

• Erziehung und Ausbildung für Krieg und Bürgerkrieg
• Der einzelne wird in seiner Individualität beschnitten, um die Gruppe leistungsfähig zu machen.
• Erzeugung möglichst vieler Ängste vor Strafen
• Aussichtslosigkeit jeder Art von Widerstand
• Bedingungslose Anerkennung, der von den Ausbildern vertretenen Normen und Werte


Mit den folgenden Methoden versuchen die Ausbilder ihre Ziele zu erreichen:

• Verunsicherung der Soldaten: Du wirst vieler Deiner zivilen Rechte beraubt.
• Schaffung von Angstzuständen: Du wirst häufig von morgens bis abends angebrüllt, bis Du Angst vor Deinen Vorgesetzten bekommst, denn Angst ist eine der besten Voraussetzungen für den bedingungslosen Gehorsam.
• Entpersönlichung: Du erhältst eine Marke, ein Blech mit Deiner Personenkennziffer. Du wirst in eine Uniform gesteckt und erhältst einen Dienstgrad. Dein Äußeres wir nicht nur durch die Uniform bestimmt, sondern auch durch die Länge der Haare, die saubere Ra-sur und die kurz geschnittenen Fingernägel.
• Rückstufung Deiner geistigen Entwicklung: Du wirst quasi in den Stand eines Kindes versetzt, das nicht in der Lage ist, irgendetwas ohne Aufsicht oder Erlaubnis zu tun.

Widerstand ist zwecklos. Befehle müssen befolgt werden. Wer widerspenstig ist, wird schikaniert, wenn nicht persönlich, dann Deine Stube oder Gruppe. Deine Gruppe wird sich dies nicht bieten lassen und somit wirst Du zum Außenseiter deklariert, der sich negativ auf die Schlagkraft der Gruppe auswirkt. Die Folgen sind „erzieherische Maßnahmen" wie z. B. Ausgehverbot und Arrest.

Gehorsamsverweigerung ist ein strafrechtlich verfolgbares Delikt.

Du wirst ausgebildet zum Töten auf Befehl, das schmutzigste Handwerk, auf das in Friedenszeiten höchste Strafen stehen!

Anweisungen zum Töten siehe Taschenbuch für die Wehrausbildung:

„Der Soldat fasst den Spaten am Ende des Spatenstieles und schlägt mit aller Kraft auf den Feind ein. Außerdem sind Schläge gegen Genick und Nierengegend besonders wirksam."

Nach Artikel 87a des Grundgesetzes kann die Bundeswehr gegen streikende Arbeiter und demonstrierende Schüler und Studenten eingesetzt werden. Das könnte für Dich bedeuten, dass Du im Ernstfall auf Deine eigenen Familienangehörigen oder auf Klassenkameraden und Arbeitskollegen schießen müsstest.

Lass Dich nicht ausbilden zum scheußlichen Handwerk des Tötens!

Wehre Dich jetzt und verweigere den Kriegsdienst!

ES IST NIE ZU SPÄT ZUM VERWEIGERN!

Artikel 4 Absatz 3 des Grundgesetzes:

„Niemand darf gegen sein Gewissen zum Kriegsdienst mit der Waffe gezwungen werden."

Information und Hilfe kannst Du bei der DFG-IDK (Deutsche Friedensgesellschaft – Internationale der Kriegsdienstgegner)-Gruppe Ottersweier erhalten.

Jeden Mittwoch treffen wir uns um 18.30 Uhr in Ottersweier im Gasthaus „Krone" am Bahnhof."

Bericht von der Aktion

Unsere Gruppe hatte sich am 1.10.1973 um 14.00 Uhr am Bahnhof in
Achern zu dieser Aktion verabredet. Zwei Mitglieder unserer Gruppe
waren schon etwas früher erschienen und begannen dann auch schon
mit dem Verteilen der Flugblätter an die Rekruten. Dass wir hier nicht so
sehr erwünscht waren, konnten wir gleich an der Bemerkung eines Bier
trinkenden Unteroffiziers erfahren, der meinte: „Wir können nicht lesen,
deshalb lest es uns mal vor." Nachdem er sich von seinem Lachen etwas
beruhigt hatte, erklärte er: „Ihr hättet früher kommen sollen, denn zum
Verweigern ist es jetzt zu spät." Auf unsere Frage weshalb, gab er uns
keine Antwort. Mit den Rekruten hatten wir kaum einen Kontakt herstellen können, weil sie durch den z. T. barschen Umgangston der unifor-
mierten Soldaten eingeschüchtert wirkten, und sie sich fast nicht getrau-
ten unsere Flugblätter in die Hand zu nehmen. Ein Rekrut, der sich uns
näherte, wurde z. B. von einem Unteroffizier zurückgerufen. Ein anderer
Unteroffizier ließ die frisch eingetroffenen Rekruten dann in Reih und
Glied aufstellen und führte sie zum bereitstehenden LKW. Als dann mit
dem nächsten Zug ca. 60 neue Rekruten eintrafen, konnten wir in dieser
nicht so leicht zu kontrollierenden Menge unsere Flugblätter besser und
ungestörter verteilen und vereinzelt auch kurze Kontaktaufnahmen herstellen. Leider kam dann ein junger Fähnrich und sammelte die verteilten
Flugblätter wieder ein, Die Wehrpflichtigen leisteten dabei keinen Widerstand, sondern gaben bereitwillig und jetzt schon gehorchend die
Flugblätter wieder her. Das Vorgehen des Fähnrichs veranlasste uns zu
heftigen Protesten, was ihn anscheinend etwas irritierte, denn er gab
uns dann die eingesammelten Flugblätter wieder zurück. Um sie doch
noch den Rekruten zu bringen, warfen wir die Flugblätter auf die vor
dem Bahnhof stehenden Bundeswehrlastwagen. Dazu äußerten sich die
wartenden Soldaten wie z. B. „Die spinnen!", „Geht ja von den Fahrzeu-
gen weg!", „Waren Sie schon bei der Bundeswehr?", „Bei der Bundeswehr wird nicht gebrüllt, nicht hier in Achern!", „Das Flugblatt geht an

der Realität vorbei!" Die Rekruten verhielten sich währenddessen passiv und mischten sich in diese Auseinandersetzung nicht ein. Bald darauf erschien ein Hauptmann und verlangte die restlichen Flugblätter von uns, um sie in der Kaserne zu verteilen. Wir staunten über diesen witzigen Vorschlag und behielten natürlich unsere restlichen Flugblätter.

Am 21.10.1973 organisierte die DFG-IDK-Gruppe eine Rockveranstaltung im Ottersweierer St. Johannesheim, bei der interessierte Jugendliche die Möglichkeit erhielten, einschlägige Literatur über Kriegsdienstverweigerung zu kaufen und sich auch beraten zu lassen. Kurz vor dem Beginn der Veranstaltung fragte ein langhaariger Typ Oskar Dietrich und mich als verantwortliche Personen, ob er ebenfalls einen Büchertisch aufstellen dürfte. Dabei erwähnte er auch, dass er Kriegsdienstverweigerer sei. Er zeigte uns seine Materialien, die hauptsächlich aus anarchistischen Veröffentlichungen (z. B. Bakunin) bestanden, worauf wir ihm seinen Büchertisch genehmigten. Als am 30.11.1976 die beiden RAF-Mitglieder Siegfried Haag und Roland Mayer verhaftet wurden, reagierte ich sehr überrascht, denn Roland Mayer war der Typ von der damaligen Rockveranstaltung, dem ich seinen Bücherstand erlaubt hatte. In dem von Haag/Mayer benutzten Fahrzeug fand die Polizei brisante Papiere, die Anschlagspläne (Geiselnahmen, Banküberfälle, Morde an prominenten Opfern) der zweiten Generation der RAF enthielten. Der als Haag/Mayer-Bande bezeichneten Gruppe gehörten neben den Genannten mindestens elf weitere Personen an. Dieser Sinneswandel Mayers, der sich vom Kriegsdienstverweigerer zum RAF-Terroristen veränderte, war für mich schwer nachzuvollziehen. Warum Mayer einen Schlussstrich unter seine Entscheidung den Kriegsdienst zu verweigern zog und damit die Anwendung physisch verletzender und zerstörender Gewalt bejahte und weshalb er eine so gravierende Umkehr seines bisherigen Lebens beschloss, entzieht sich meiner Kenntnisse.

In der Gruppe wurde besonders die Kooperation der einzelnen Mitglieder gefördert, indem sich während der Sitzung Untergruppen bildeten, die sich nach ihrer Gruppenarbeit im Plenum trafen und ihre Arbeitsergebnisse vortrugen. Besonders am Anfang eines Gruppenprozesses zeigt sich dass derjenige, der die meiste politische Erfahrung und über eine Menge einschlägigen Wissens verfügt, derjenige ist, der die Führungsrolle übernimmt. Wenn sich diese Position verfestigt, kann die Mitarbeit der anderen darunter leiden oder beim Ausscheiden dieses Leiters die Gruppe auseinander fallen („Ohne G. geht es nicht!"). Es muss also verhindert werden, dass einzelne Mitglieder zu sehr in einem passiven Verhalten verharren bzw. sich Minderwertigkeitskomplexe und Hemmungen entwickeln und aus diesen Gründen einzelne der Gruppe dann fernbleiben. In verschiedenen Gruppensitzungen wurden sowohl die Rollenverteilung und bestehende interne Konflikte analysiert und versucht konstruktive Veränderungen herbeizuführen. Ab dem Sommer 1973 zeichnete sich ab, dass ab September fünf bisher sehr aktive Mitglieder die Gruppe wegen einem Studium oder einer Berufsausbildung verlassen werden. Ab Oktober kamen immer weniger, so dass manchmal nur noch drei bis vier Teilnehmer anwesend waren. In der Folgezeit fanden ab dem Dezember keine Treffen mehr statt und der Vorstand beschloss daher, die DFG-IDK-Gruppe Ottersweier im Februar 1974 aufzulösen.


## 4.2 Arbeitskreis Kriegsdienstverweigerung Bühl


Da in Ottersweier, einer Gemeinde mit ca. 4 000 Einwohnern, keine wirkungsvolle KDV-Arbeit mehr stattfinden konnte, bot sich in der Großen Kreisstadt Bühl mit ungefähr 21 600 Einwohnern, eine günstige Wiederbelebung für eine Gruppengründung, da in dieser Stadt seit Mai 1974 das selbstverwaltete Jugendzentrum „Haus der Jugend" (HdJ) eröffnet worden war. Die restlichen Mitglieder der Ottersweierer Gruppe fanden sich im HdJ mit neuen Interessenten aus Bühl und Umgebung zusammen, um die KDV-Arbeit hier fortzusetzen. Als Einstieg wurde eine Vorführung des Anti-Kriegsfilms „Die Brücke" (Ein realistischer Film, der das sinnlose Sterben einer Gruppe sechzehnjähriger Jugendlicher eindringlich dokumentiert.) am 20.09.1974 im HdJ organisiert. Es kamen ca. 150 Besucher, denen außer dem Film auch ein Einführungsreferat und eine

Diskussion über den Film angeboten wurden. Am 23.09.1974 fand dann die Gründung des Arbeitskreises Kriegsdienstverweigerung Bühl im HdJ statt.

Die Gruppe einigte sich im Laufe der Anfangsphase des Gruppenprozesses auf eine programmatische Ausrichtung, die die folgenden Bereiche umfasste:

• Organisation (Finanzen, Eröffnung eines Kontos, Kassenverwalter, Anlegung eines Archivs, Schriftführer)

• Öffentlichkeitsarbeit (Filme, Aktionen und Veranstaltungen, Vorträge)

• Selbstbildung ( Referate, Austausch mit anderen KDV-Gruppen, Teilnahme an Seminaren der DFG-VK, Beteiligung an Landeskonferenzen)

• Beratung (Einzel- und Gruppenberatung)

• Gruppenzusammenhalt, Gruppenklima und Verbesserung der wechselseitigen Beziehungen und Kontakte (Zeltlager, Hüttenaufenthalte)

Mit den Filmen „War Game" und „Wer will unter die Soldaten" (ca. 60 Teilnehmer), einer Wandzeitung und einem Büchertisch beteiligte sich der AK-KDV am „Tag der offenen Tür" am 23.02.1975 im selbstverwalteten HdJ. Im März 1975 kooperierte der AK-KDV mit der ebenfalls im HdJ tätigen „Gruppe Kinderarbeit". Die Idee des AK-KDV war, dass die Kinder zum Thema „Krieg - Frieden" ein Bild malen oder eine Collage herstellen sollten. Zum Abschluss dieser Aktion, an der sich ungefähr 30 Kinder beteiligten, konnten die anwesenden Kinder ihre Bilder und Collagen vorstellen und erläutern. Danach wurden alle Bilder und Collagen im HdJ ausgestellt. Anlässlich des 30. Jahrestages der Befreiung vom Hitler-Faschismus organisierte der AK-KDV am 08.05.1975 eine Fahrt mit privaten PKW's in das ehemalige KZ Natzweiler-Struthof im Elsass, an der 43 Personen teilnahmen.

Im Mittelpunkt der nächsten Veranstaltung des AK-KDV stand die Studie „Kriegsfolgen und Kriegsverhütung" (München, 1970) von Carl Friedrich von Weizsäcker und seinen Mitarbeitern. Ein Mitglied unserer Gruppe referierte am 29.05.1975 im HdJ über die politischen Aussagen dieser Studie. Unter der Leitung des renommierten Wissenschaftlers von Weizsäcker (Max Planck-Institut in Starnberg) wurde eine umfangreiche Untersuchung durchgeführt. In ihr wurde nachgewiesen, dass unser Vertrauen in die herrschende Militärstrategie und das darauf basierende Dogma vom Gleichgewicht der militärischen Abschreckungssysteme unter den gegebenen  politischen Verhältnissen selbstmörderisch werden kann (Rüstungswettlauf und seine Errungenschaften wie ABM-Raketenabwehrraketen und MIRV-Raketen mit mehreren unabhängig voneinander in verschiedene Ziele gesteuerte Sprengköpfe). Die wichtigsten Ergebnisse der Weizsäcker-Studie lassen sich in den folgenden sieben Thesen zusammenfassen:

1. Die Bundesrepublik ist mit konventionellen Waffen nicht zu verteidigen.

2. Der Einsatz nuklearer Waffen in der Absicht der Verteidigung der BRD würde zur nuklearen Selbstvernichtung führen.

3. Für die BRD gibt es nur eine in sich widerspruchsvolle Abschreckung (Abschreckung durch für beide Seiten unkalkulierbare Risiken).

4. Zwischen den Supermächten gibt es heute eine in ihrer militärischen Logik widerspruchsfreie Abschreckungsstrategie.

5. Abschreckung zwischen den Supermächten führt aber zum Wettrüsten.

6. Das Wettrüsten führt zur Erhöhung des Kriegsrisikos.

7. Der Versuch, durch Rüsten das Abschreckungsgleichgewicht zu erhalten, lähmt die Supermächte politisch und militärisch.

Mit gruppeninternen und öffentlichen Referaten wurde kontinuierlich der Wissensstand der Mitglieder bzw. der Besucher unserer Veranstaltungen erweitert. Hierbei wurden Themen wie „Soziale Verteidigung",

„Faschismus", Militärisch-industrieller Komplex", „Wichtige Voraussetzungen für die Begründung der Kriegsdienstverweigerung", „Argumenta-
tionshilfen für Kriegsdienstverweigerer und Berater", „Verhalten als
Kriegsdienstverweigerer bei der Bundeswehr", „Verschiedene Beweggründe der Verweigerung", „Zivile Notwehr – Staatsnotwehr" usw. behandelt.

Eine wichtige Funktion innerhalb der Tätigkeit des AK-KDV war immer
das Angebot der Beratung. In der Regel führte der AK jeden Freitagabend um 19.00 Uhr eine Beratung im HdJ Bühl durch. Wie eine solche
Beratung ablief, zeigt exemplarisch das Beispiel vom 04.10.1974. Drei
anwesende AK-Mitglieder berieten vier Ratsuchende. Bei einem ging es
darum, dass seine Begründung besprochen wurde, ein anderer erhielt
erste Informationen über den Antrag auf Kriegsdienstverweigerung. Mit
ihm wurde außerdem noch das ganze KDV-Verfahren durchgegangen.
Der Dritte hatte bald seine Verhandlung vor der Prüfungskammer, so
dass mit ihm mögliche Fragestellungen im Verfahren bearbeitet wurden.
Der Letzte interessierte sich besonders für die sog. „Fang-Fragen" im
KDV-Anerkennungsverfahren, weshalb natürlich auch hier eine Hilfestellung gegeben wurde.

Während der vom Bühler Stadtjugendring ausgehenden „Woche der
Jugend" nahm der AK-KDV Bühl an dem Samstagvormittag ab 9.00 Uhr,
dem 27.06.1975, zunächst mit einem Infostand in der Bühler Innenstadt
(Rathausplatz) teil. In erster Linie ging es der Gruppe um ihre Selbstdar-
stellung und eine gewisse Aufmerksamkeit in der Öffentlichkeit. Mit
Stellwänden, Wandzeitungen und Flugblättern wurde die bisherige und
die zukünftige Arbeit, die Ziele, Aufgaben und Treffpunkt der Gruppe
vorgestellt. Zusätzlich wurde auf das Problem von inhaftierten Kriegsdienstverweigerern (z. B. Totalverweigerer) in der BRD hingewiesen.

# 5. Inhaftierte Kriegsdienstverweigerer in der Bundesrepublik Deutschland

Die Einberufung zur Bundeswehr bedeutet für einen noch nicht anerkannten Kriegsdienstverweigerer eine erhebliche psychische Belastung und bringt ihn vor seinem Gewissen in eine schwierige Situation, denn bei der Bundeswehr erwartet ihn der Zwang zum Waffendienst: „Da geht es nicht, wie man manchmal in der Öffentlichkeit hören kann, um Unlust oder suche nach persönlichen Vorteilen, da geht es um innerste Not!" (Finckh, 1974, S. 22). Ab Anfang der 1970er Jahre war die Zahl der noch nicht als Kriegsdienstverweigerer anerkannten Wehrpflichtigen, die sich dem Befehl, Dienst mit der Waffe zu leisten oder sich der Einberufung durch Fahnenflucht entzogen, angestiegen. Mindestens 200 nicht anerkannte Kriegsdienstverweigerer waren damals in Strafverfahren wegen Befehlsverweigerung oder Fahnenflucht verwickelt: „Wir haben ebenso sichere Hinweise auf mehrere hundert Fälle von Flucht aus dem Bereich der Wehrgesetze, meist nach Berlin, Österreich, Schweden oder Holland. Schließlich haben wir Hinweise auf über 50 Fälle von psychischen  Erkrankungen, darunter mehrere Selbstmorde und Selbstmordversuche" (Finckh, 1974, S. 23). Höher als diese genannten Zahlen war die Häufigkeit der Arreststrafe bei der Bundeswehr. Die bei der Bundeswehr ihrem Gewissen folgenden nicht-anerkannten Kriegsdienstverweigerer wurden wegen Befehls- und Gehorsamsverweigerung zwei bis drei Monate mit kurzen Unterbrechungen eingesperrt und zusätzlich vor ein Zivilgericht gestellt und im Durchschnitt zu sechs Monaten Freiheitsstrafe verurteilt. Diese Strafprozedur wurde durch ein Urteil des Bundesgerichtshofes vom 21.05.1968 unterstützt: „Die nachträgliche Anerkennung eines Soldaten als Kriegsdienstverweigerer hindert nicht seine Bestrafung wegen einer Gehorsamsverweigerung, die er nach Antragstellung begangen hat" (Mannhardt/Schwamborn, 1974, S. 92). Diese Verfahrensweise führte zu einer Kriminalisierung von Kriegsdienstverweigerern, die sie zu Vorbestraften stempelte, obwohl sie sich auf ein garantiertes Grundrecht unserer freiheitlich-demokratischen Grundordnung beriefen. Das

Bundesverteidigungsministerium gab auf Anfrage an, dass 23 Kriegsdienstverweigerer im Jahr 1978 und 32 Kriegsdienstverweigerer im Jahr 1979 bestraft wurden (vgl. Amnesty International, 1982, S. 3). „Die Zeit" schrieb am 27.03.1981, dass „in den letzten 11 Jahren 5 000 nichtanerkannte Verweigerer ins Gefängnis gesteckt wurden." In der Bundesrepublik wurden demzufolge seit 1972 mehrere inhaftierte Kriegsdienstverweigerer durch ausländische Gruppen von Amnesty International als gewaltlose politische Gefangene betreut. Die folgenden Fallbeispiele veranschaulichen exemplarisch die Mechanismen der Kriminalisierung und Diskriminierung durch die Bundeswehr.

• Hans Heid wurde 1972 gemustert, für wehrtauglich eingestuft und bis zu seinem Abitur im darauf folgenden Jahr zurückgestellt. In der Zwischenzeit reichte er einen Antrag auf Anerkennung als Kriegsdienstverweigerer ein. Von dem Prüfungsausschuss in Traunstein wurde er zwar als Kriegsdienstverweigerer anerkannt, doch die Bundeswehr legte gegen diesen Beschluss Widerspruch ein. In der zweiten Verhandlung vor der Prüfungskammer wurde sein Antrag abgelehnt. Dagegen erhob Heide Klage und wartete auf einen Verhandlungstermin des Verwaltungsgerichts. Doch er erhält einen Einberufungsbescheid zum 02.07.1973, dem Heide nicht folgt. Als er am 06.07.1973 seinen Dienst in der Regensburger Nibelungenkaserne nicht antrat, wurde er gegen 6.00 Uhr morgens von der Polizei verhaftet. Die Feldjäger holten ihn gegen Mittag ab, legten ihm Handschellen an und brachten ihn nach Regensburg. In der Kaserne verweigerte Heide seiner Gewissensentscheidung konsequent folgend den Befehl, am Dienst teilzunehmen und sich einkleiden zu lassen. Diese Auflehnung bedeutete für ihn, dass er insgesamt 56 Tage innerhalb von drei Monaten bei der Bundeswehr in der Arrestzelle inhaftiert war. Wegen Fahnenflucht und Gehorsamsverweigerung wurde Heide zusätzlich noch vom Jugendgericht angeklagt (vgl. Mannhardt/Schwamborn, 1974, S. 96 f.).

• Udo Harenkamp musste wie viele andere Kriegsdienstverweigerer auch monatelang auf seine Verhandlung vor dem Verwaltungsgericht warten. Der zwischenzeitlichen Einberufung zur Bundeswehr widersetzte er sich, so dass er am 01.10.1973 von Feldjägern verhaftet wurde und in Einzelhaft bei der Bundeswehr inhaftiert wurde: „Seine 2 x 5 Meter große Zelle war nur mit einer Pritsche, einem Stuhl und einem Tisch ausgestattet. Das Zellenfenster, sehr klein, stark vergittert und überdies mit Milchglasscheiben versehen, ließ nur spärliches Tageslicht in den Raum und gestattete keinen Blick nach außen. Die Glühlampe, die den ganzen Tag über brennen musste, war so schwach, dass Udo Harenkamps Augen beim Lesen oder Schreiben überanstrengt wurden. Die DFG-IDK Köln verglich die Haftbedingungen mit „schwerer seelischer Folter" und Hans Werner Hoppe von amnesty international sprach von „eindeutiger Beugehaft". Am 30. November 1973 schließlich, nach zweimonatiger Einzelhaft, wurde Udo Harenkamp vom Verwaltungsgericht Münster als Kriegsdienstverweigerer anerkannt. Trotz dieser Anerkennung erwartet Udo Harenkamp jetzt ein Strafverfahren wegen Gehorsamsverweigerung" (Mannhardt/Schwamborn, 1974, S. 97 f.).

## Bericht über meine Kriegsdienstverweigerung 1971/72

(Hartmut Westermann)

Ausgangssituation: Im Sommer 1971 war ich 20 Jahre alt und nach damaligem Recht noch nicht volljährig. Nach missratener Schulkarriere musste ich das Gymnasium zum Schuljahresende ohne Abschluss verlassen. Dies teilte ich am 5.9.71 dem Kreiswehrersatz-amt Offenburg mit und erfüllte damit meine Meldepflicht gemäß der Wehrüberwachung. Meine Perspektive für die Zeit nach der Schule war schon während des Schuljahres gereift: Kriegsdienstverweigerung und Zivildienst (damals: Ersatzdienst). Im persönlichen Umfeld und auch in der Familie fand ich für diesen Weg weder Verständnis noch Unterstützung.

Mit meinem Vater war weder eine sachliche noch eine emotional geführte Kommunikation über Krieg, Kriegsdienstverweigerung und Bun-

deswehr möglich. Er sah in der Bundeswehr eine Art „Nachfolgeorganisation" der Wehrmacht, die im Verbund mit der NATO und insbesondere
den USA während des Kalten Krieges die kommunistische Sowjetunion
zum Feindbild erhob. Nach seiner Auffassung bedrohte der Kommunismus die westliche Welt derart, dass ihm nur eine militärisch überlegene
Macht mit Abschreckung durch Hochrüstung Einhalt gebieten könnte.
Diesem Militärbündnis billigte er ausdrücklich auch militärische Erstschläge zu und betrachtete das Abschreckungsszenario der NATO aus
seiner sehr subjektiven Sicht als Reaktion auf die „Niederlage" im 2.
Weltkrieg, die er offensichtlich nicht verwunden hatte. Für diese „Niederlage" machte er in erster Linie „die Russen" verantwortlich. Die radikale Ablehnung des Kommunismus wurde besonders in seiner Haltung
zum Vietnamkrieg deutlich, den er noch erbitterter geführt sehen wollte.
Diese immer wiederkehrende Sicht der Dinge und seine unkritischen
Anmerkungen zu seinem eigenen Soldateneinsatz im 2. Weltkrieg, im
Laufe dessen er lebensgefährlich verwundet wurde, ließen in mir schon
früh die Ablehnung von Krieg entstehen. Auch meine Mutter lehnte mein
Vorhaben rundweg ab.

Mein nur unwesentlich älterer Bruder hatte sich nach seinem Abitur für
12 Jahre zur Bundeswehr verpflichtet und war im Herbst 1971 bereits
seit etwa 2 Jahren Soldat in der Offizierslaufbahn.

Der Zufall wollte es, dass ein früherer Mitschüler von mir in der Kaserne
meines Bruders im Arrest saß, weil er nach seiner Einberufung als nicht
anerkannter Kriegsdienstverweigerer Befehle verweigert hatte. So erfuhr
ich über meinen Bruder, was Arrest bei der Bundeswehr bedeutete und
wie er organisiert war. Ebenso erhielt ich so Kenntnis vom erniedrigenden Umgang der Bundeswehr mit meinem früheren Mitschüler. Mein
Bruder, ein überzeugter Militarist und NPD-Sympathisant, hätte ihn gerne härter bestraft gesehen und diffamierte ihn fortlaufend auf das
Übelste. Meine Lebensziele und Haltungen standen den Einstellungen
meiner Familie diametral entgegen. In meinem Dorf war ich der Erste,
der den Kriegsdienst verweigerte.

Am 8.9.1971 stellte ich den Antrag auf Anerkennung als Kriegsdienstverweigerer beim Kreiswehrersatzamt Offenburg. Mit diesem Spätsommertermin hoffte ich einer Einberufung zum 1.10.71 zu entgehen in der Annahme, die Bundeswehrverwaltung würde es in 3 Wochen nicht schaffen, meine Einberufung zum letzten Jahresquartal zu organisieren. Dies war in Verkennung der Rechtslage eine Unterschätzung der Bundeswehrverwaltung und in meiner naiven Einschätzung der Lage ein fataler Trugschluss.

Freitag, 1.10.1971: Erhalt des Einberufungsbescheids: Aufforderung zum Dienstantritt in der Graf-Stauffenberg-Kaserne Sigmaringen am Montag, 4.10.71. Der Bescheid kam ohne Vorankündigung und wies eine extrem kurze Frist zwischen Zustellung und Dienstantritt aus. Ich legte sofort Widerspruch ein, der später abgelehnt wurde, weil ich mich widerrechtlich der Wehrüberwachung entzogen hätte. Trotz der kurzen Frist (ein Wochenende) war ich entschlossen, der Einberufung zu folgen und damit meine Verweigerung offensiv anzugehen. Das Kreiswehrersatzamt hatte auf meinen Antrag auf Anerkennung noch nicht reagiert. Mein Dilemma war, dass ich auf eine baldige Verhandlung und Anerkennung hoffte, aber andererseits keinen Wehrdienst leisten wollte. Klar war jedoch: Kaserne ohne Wehrdienst geht nicht. So fuhr ich mit dem festen Vorsatz der konsequenten Befehlsverweigerung in die Kaserne. Die Konsequenzen dieses Vorhabens waren mir bereits durch einen früheren Kontakt mit einem anderen KdV bekannt.

Montag, 4.10.1971: Aufnahme in die Graf-Stauffenberg-Kaserne in Sigmaringen. In einem langen Gespräch mit dem Kompaniechef (Hauptmann von B.) erklärte ich, dass ich einen Antrag auf Anerkennung als KdV gestellt hätte und auf meine Verhandlung warte. Auch legte ich ihm auf Verlangen in groben Zügen meine Begründung dazu dar. Dann teilte ich ihm mit, dass ich ab sofort sämtliche Befehle der Bundeswehr verweigern werde. Der Kompaniechef wies mich sachlich auf die Konsequenzen hin und bot mir an, bis zur Verhandlung in der Kasernenküche mitarbeiten zu können. Damit wäre ich vom klassischen Wehrdienst befreit. Ich lehnte das gut gemeinte Angebot entschlossen ab, denn wer im Militärbetrieb mitarbeitet unterstützt ihn und hält ihn aufrecht. Zu meiner Überraschung überreichte mir der Kompaniechef die Vorladung des Kreiswehrersatzamtes Freiburg für die mündliche Verhandlung zur Anerkennung als KdV. Als Termin war der 14.10.71 angegeben.

Der Einberufungsbescheid, ausgestellt am 28.9.1971 vom Kreiswehrersatzamt (KWEA) Offenburg, kam am 1.10.1971 bei mir an. Die Ladung zur 1. KdV-Verhandlung vor dem Prüfungsausschuss in den Räumen des KWEA Offenburg kam vom Kreiswehrersatzamt Freiburg, ebenfalls ausgestellt am 28.9.1971. Die Ladung war als Einschreiben an meine Heimatanschrift adressiert, war mir aber von der Bundeswehr in der Kaserne überreicht worden! Hier drängt sich der Verdacht auf, dass es zwischen dem KWEA Offenburg und dem KWEA Freiburg eine Absprache gegeben haben muss, die meine Einberufung zeitlich vor dem Verhandlungstermin ausdrücklich vorsah. Ganz offensichtlich hat das KWEA Freiburg, wohl wissend, dass ich mich ab dem 4.10.1971 in der Kaserne in Sigmaringen aufhalten müsste, seine Ladung zur KdV-Verhandlung gleich dorthin übersandt. Dies ist ein besonders krasses Beispiel für die perfide Strategie zweier Kreiswehrersatzämter zum Zwecke der Demonstration ihrer Macht und der Einschüchterung mit Strafcharakter.

Am ersten Tag in der Kaserne (4.10.1971) waren alle Neueinberufenen in einem großen Raum versammelt, wo wir registriert wurden. Es bildete sich eine lange Warteschlange vor einem Schreibtisch. Ich setzte mich während der Wartezeit auf einen neben mir stehenden leeren Tisch. Sofort blaffte mich ein Offizier laut und aggressiv an, ich solle gefälligst meinen Hintern vom Tisch bewegen und mich anständig anstellen. Dies war der erste Eindruck, den ich von einem „Vorgesetzten" erlebte und der wohl gleich klarstellen sollte, wie es hier zugehen wird: aggressiv, hierarchisch, bedrohlich, einschüchternd.

Ich wurde an diesem ersten Tag einer Gruppe von etwa 10 anderen Neusoldaten zugeordnet, denen ich am Abend mein Vorhaben mitteilte. Keiner von ihnen äußerte Verständnis. Zwei Einberufene hatten sich des Geldes wegen bereits für zwei Jahre verpflichtet. Die anderen waren zum

Wehrdienst bereit, „wenn er auch noch so beschissen ist, dann besaufen wir uns halt". Lediglich ein Rekrut teilte mir mit, dass er versuchen wolle, mit Tricks, Krankheiten und Simulationen „durchzukommen".

Dienstag, 5.10.71: Ich erhielt den Befehl zur Einkleidung mit Uniform etc. Ich verweigerte den Befehl, wurde umgehend verhaftet und für 48 Stunden arrestiert.

Donnerstag, 7.10.71: Das Truppendienstgericht Ulm verurteilte mich wegen Befehlsverweigerung zu einer bundeswehrinternen Disziplinarstrafe von 6 Tagen Arrest mit sofortigem Strafantritt. Diese Zeitspanne reichte genau bis zum Termin für die Verhandlung vor dem Prüfungsausschuss am 14.10.71. Arrest bedeutete grundsätzlich Einzelhaft in einer Zelle im Wachgebäude der Kaserne, ohne Literatur, ohne Medien, ohne Freizeitmöglichkeit.

Meine Arrestzelle war etwa 2x5 Meter groß. In ihr befand sich ein Tisch, ein Stuhl, eine Toilette und ein Heizkörper.  Das Bett in der Arrestzelle wurde tagsüber vom Wachoffizier hochgeklappt und abgeschlossen, damit ich nicht faulenzend darauf ausruhen konnte. Der Aufenthalt in der Zelle sollte eine Strafe sein, die unbequem ist. Schließlich sollte ich als Verweigerer nicht im Bett in der warmen Stube liegen können, während die treuen Kameraden draußen in der Kälte durch den Schnee robben müssen. Die Zelle hatte nur ein schmales Oberlicht als Fenster, das nur gekippt werden konnte und mit undurchsichtigem Drahtglas versehen war. Der Ausblick war deshalb eingeschränkt. Um sehen zu können, was außerhalb geschah, musste ich mich auf den Stuhl stellen. Ansonsten war die Zelle kahl und bot durch diesen „Minimalkomfort" miserable Haftbedingungen.

Während der Arrestzeit wurde täglich eine Stunde Ausgang ins Freie angesetzt. Dabei sollte mich ein Wachsoldat mit dem Gewehr begleiten. Ich weigerte mich gegen die Bewaffnung und erreichte in einem Gespräch mit dem Kasernenkommandanten, dass mich der Wachsoldat unbewaffnet begleiten durfte. Täglich ging ich so mit einem Wachsoldaten, mit dem ich mich nicht unterhalten durfte (was so gut wie unmöglich war), die immer gleiche Strecke durch das Kasernengelände. Dabei bekam ich einen Eindruck vom Geschehen in der Kaserne. Nicht selten erzählte mir der jeweilige Wachsoldat in unbeobachteten Momenten vom Kasernenleben und den Strategien, es zu überleben. Manchmal konnte ich selbst beobachten, wie Rekruten und Wehrpflichtige schikaniert und angebrüllt wurden. Auch außerhalb der Arrestzelle war das Leben kein Zuckerschlecken.

Am 14.10.71 fuhr ich nach 6 Tagen Arrest und damit erstmaligem Freiheitsentzug eigenständig mit dem Zug zum Kreiswehrersatzamt Offenburg. Die stundenlange Verhandlung erbrachte das niederschmetternde Ergebnis: Keine Anerkennung als KdV. Als Begründung stellte der Prüfungsausschuss formelhaft fest: Meine kompromisslos ablehnende Haltung gegenüber der Institution Bundeswehr sei keine Gewissensentscheidung; meine vorgebrachten Argumente seien weitgehend Formulierungen organisierter Kriegsdienstgegner; auch hätte ich mich mit den Fragen und Problemen der Gewissenentscheidung nicht ausreichend befasst. Mir blieben als Optionen: Flüchten oder standhalten, also Desertion oder Rückkehr in die Kaserne mit der Gewissheit der erneuten Verhaftung. Ich entschied mich ohne zu zögern für die Rückkehr in die Kaserne, wo die Kasernenführung das Ergebnis der Verhandlung bereits kannte. Mit der Rückkehr wollte ich im Gesamt-verlauf der Verweigerung keine Zeit verlieren und meine Standhaftigkeit demonstrieren.

Am 15.10.71 erhielt ich erwartungsgemäß wieder den Befehl zur Einkleidung und zum Erhalt der militärischen Ausrüstung. Ich verweigerte auch diesen Befehl. Es folgte die Verhaftung und die sofortige Arrestierung für 24 Stunden.

Am 16.10.71 bestrafte mich der Richter des Truppendienstgerichtes (Major M.) erneut wegen der wiederholten Befehlsverweigerung. Diesmal erhielt ich die Höchststrafe: 21 Tage Arrest. Die Einzelhaft war im Prinzip auch Isolationshaft. Einzige Kontakte während des Tages waren Putzaktionen des Flurs zusammen mit anderen Arrestanten, der einstündige Ausgang und die jeweils kurzen „Sichtungsbesuche" des täglich wechselnden Wachoffiziers. Diese Sichtungsbesuche wurden von den meisten Wachoffizieren zur Demonstration ihrer Macht und Ablehnung mir gegenüber genutzt, was ihr „Militärgehabe" deutlich zeigte.

Während der Arrestzeiten erlebte ich täglich um 14.00 Uhr den Wachwechsel im Wachhaus, in welchem sich die Arrestzellen befanden. Der Wachoffizier meldete sich dann immer bei mir und erwartete, dass ich Meldung machte. Ich machte nie Meldung, blieb immer sitzen und saß die Zeremonie meistens aus. Eines Tages hörte ich schon vor diesem Besuch lautes Schreien im Flur vor der Zelle, was aus dem Mund des diensthabenden Offiziers kam. Es gab wohl Ärger, der nichts mit mir zu tun hatte. Meine Zellentür wurde aufgeschlossen, ich blieb sitzen, blickte den Offizier wortlos an und wartete. Als ich keine Meldung machte, schrie er mich sehr aggressiv an: „Machen Sie Meldung, Mann!" Ganz langsam stand ich auf, stellte mich direkt nahe vor ihn und sagte innerlich aufgeregt, äußerlich ruhig: „Ich kann verstehen, wenn Sie wütend sind, aber Sie müssen Ihre Wut nicht an mir auslassen." Wortlos drehte er sich um und ließ die Türe wieder verriegeln. Das war ein Beispiel dafür, dass dieser Offizier keinerlei Sensibilität und Kompetenz für diese Situation besaß und in der Ausübung seiner Machtbefugnis nur die Option Aggression kannte. Die musste er anwenden, wenn er nicht vor seinen untergebenen Soldaten als „Machtloser" dastehen wollte. Wahrscheinlich ließ er sich deshalb nicht auf einen weiteren „Dialog" ein.

Während der Arrestzeiten konnte ich ein- bis zweimal in der Woche duschen. Dazu wurde ich unter Bewachung in ein Nachbargebäude geführt. Der Wachsoldat sollte mich mit einem Gewehr bewaffnet zu einem Duschraum führen. Auch dafür erstritt ich die unbewaffnete Begleitung. Man stelle sich das Szenario vor, das die Bundeswehr für eine solche Situation parat hatte: Ein einzelner Kriegsdienstverweigerer steht alleine, nackt und völlig wehrlos unter der Dusche, im Türrahmen steht ein Wachsoldat in voller Montur mit einem geladenen Gewehr in der Hand. Das war für mich ein Symbolbild für Machtausübung, Einschüchterung,

Erniedrigung und unverhältnismäßiges Verhalten. Dem wollte ich mich nicht aussetzen.

Ich nutzte die Arrestzeit zur Vorbereitung der 2. KdV-Verhandlung. Dazu hatte ich Informationsmaterial von der DFG-VK in Karlsruhe angefordert und erhalten. Leider hat diese Organisation trotz meiner Bitte und Schilderung der Situation keinerlei Kontakt mit mir aufgenommen.

Während dieser Arrestzeit wurde mir die Vorladung des Amtsgerichts Sigmaringen zugestellt: Auf Anzeige der Bundeswehr hatte das Amtsgericht gegen mich Anklage erhoben wegen Gehorsamsverweigerung nach § 20 Wehrstrafgesetz. Der Straftatbestand der Gehorsamsverweigerung wird grundsätzlich mit Freiheitsstrafe geahndet.

In den wenigen Stunden zwischen meinen Verhaftungen konnte ich immer mal wieder in der Kantine mit allen anderen Soldaten essen. Als einziger Mensch in Zivilkleidung fiel ich unter allen Uniformträgern sofort und überall auf. Mein Verhalten hatte sich in der ganzen Kaserne herumgesprochen, ich war Kasernenhofgespräch. Erfreulicherweise habe ich zu keiner Zeit von einfachen Soldaten negative Reaktionen erfahren. Im Gegenteil: Der Koch versorgte mich mit Extraportionen; viele Wehrpflichtige äußerten sogar Respekt und ermunterten mich zum Durchhalten. Vielleicht war ich für manche von ihnen eine Art Stellvertreter im Kampf gegen den Drill. Sie wunderten sich, wie ich das alles aushielt. Ich wunderte mich, wie die das alles aushielten.

Am 3.11.71 verurteilte mich das Amtsgericht /Jugendgericht Sigmaringen zu 2 Monaten Freiheitsstrafe ohne Bewährung. In der Urteilsbegründung heißt es: „Der Angeklagte verstößt aus Überzeugung gegen das Gesetz. Die Tat des Angeklagten wiegt nicht leicht." Die 6 Tage Arrest vom 7. – 13.10. wurden angerechnet. Sofort nach der Urteilsverkündung wurde ich wieder in die Arrestzelle gebracht. Einige Tage später wurde ich ohne Vorankündigung in ein Büro des MAD (Militärischer Abschirmdienst) gebracht und zu meiner KdV befragt, insbesondere zu der Begründung für die Befehlsverweigerungen. Nach den 21 Tagen Arrest erfolgte wieder die „Freilassung" aus der Arrestzelle.

Am 8.11.71 erging wieder der Befehl zum Erhalt der militärischen Kleidung. Wieder verweigerte ich den Befehl. 24 Stunden nach der Verhaftung verurteilte mich das Truppendienstgericht erneut zu 21 Tagen Arrest. Dies war die dritte Disziplinarstrafe in Form von Arrest. Nach Ablauf dieser Zeit hatte ich bereits über 50 Tage Freiheitsentzug hinter mir. Vor mir lagen 2 weitere unfreie Monate im Gefängnis. (Dezember 71 und Januar 72).

Am 1.12.71 nach Ablauf der dritten Arreststrafe brachten mich Feldjäger der Bundeswehr in die Strafvollzugsanstalt Rottenburg/Neckar. Dieses Gefängnis ist ausschließlich für erwachsene Straftäter zuständig. Bei der Aufnahme in die Vollzugsanstalt fiel dem Sachbearbeiter auf, dass ich „eigentlich im falschen Gefängnis" sei, denn ich sei ja noch nicht volljährig und mit einer Jugendstrafe belegt worden, aber „wenn Sie jetzt schon mal da sind..." So blieb ich die gesamte Zeit unter Hunderten von Insassen, die die gesamte Palette der Delinquenz abbildeten. Ich betrachtete mich als politischen Gefangenen.

Die Tage waren mit Arbeiten in der gefängniseigenen Buchbinderei ausgefüllt. In der arbeitsfreien Zeit konnte ich an Gesprächsrunden teilnehmen, etwas Sport treiben und die Bibliothek benutzen. Zum Glück hatte ich einen erträglichen Zellenmitbewohner. Insofern erlebte ich den Aufenthalt im Gefängnis erträglicher als den Bundeswehrarrest, auch weil der Alltag abwechslungsreicher und humaner gestaltet war und die Vollzugsbeamten bei weitem nicht so arrogant machtbeflissen waren wie die an ihren korsettartigen Verhaltenskodex gebundenen Angehörigen der Militärhierarchie.

13.12.71: Zweite Verhandlung zur Anerkennung als KdV vor der Prüfungskammer. Feldjäger der Bundeswehr brachten mich von der Vollzugsanstalt Rottenburg zum Kreiswehrersatzamt Offenburg. Nach über 5-stündiger Verhandlung kam das erlösende Ergebnis: Anerkennung als

KdV! Inhaltlich war diese Verhandlung weitgehend eine Wiederholung der ersten Verhandlung, denn die Prüfer stützten ihre Kommunikation mit mir auf das Protokoll jener Sitzung. Ausschlaggebend für die positive Entscheidung war mein hartnäckiger Wille, mich dem Wehrdienst zu widersetzen, was meine Gewissensnot bestätigte. Die Entscheidung der Prüfungskammer erlebte ich als Triumph! Jetzt hatte ich meine wichtigsten Ziele erreicht: Ich war anerkannter Kriegsdienstverweigerer. Ich musste aus der Bundeswehr entlassen werden. Der Kreislauf der Inhaftierungen wurde unterbrochen und beendet. Ich konnte Zivildienst leisten. Die Rückfahrt ins Gefängnis war eine euphorische „Vorwärtsbewegung": Dieser Tag war ein Meilenstein im Prozess der Verweigerung, denn nach der Haftstrafe war ich frei! Diese Aussicht und der Erfolg des Tages ließen die kommenden Hafttage wesentlich entspannter erscheinen. Trotz der Gefängnisatmosphäre verging die Zeit jetzt irgendwie schneller.

24.1.72: Entlassung aus dem Gefängnis. Feldjäger brachten mich zur Kaserne nach Sigmaringen zurück, wo ich unverzüglich noch am gleichen Tag aus der Bundeswehr entlassen wurde. Die Heimfahrt löste in mir Hochgefühl, Stolz und Genugtuung aus. Es war vorbei! Fast! Fazit bis jetzt: Über 100 Tage Freiheitsentzug, 1 Vorstrafe und die reiche Erfahrung des Widerstands.

21.2.72: Einberufung zum Zivildienst in das Kreiskrankenhaus Tettnang (Bodenseeregion). Vorgesehen war ich für den Einsatz an der Pforte zum Empfang der Besucher und Patienten sowie zum Bedienen der Telefonzentrale. Da ich mit meinen langen Haaren nicht dem Erscheinungsbild eines Pförtners in Oberschwaben entsprach und demgemäß für das Klinikum eine schlechte Visitenkarte abgegeben hätte, wurde ich aus dem Blickfeld der Öffentlichkeit genommen und zu Putzarbeiten in die Katakomben des Krankenhauses geschickt. Zivildienst hatte ich mir anders vorgestellt. Musste ich auch hier wieder mit viel Energie für meine Interessen kämpfen? Nach Protest und dem Einschalten eines für den Zivildienst zuständigen Regionalberaters wurde ich dann doch zum Pfortendienst eingeteilt, jedoch immer nur im Nachtdienst. Das war für mich eine akzeptable Lösung. Die restliche Zivildienstzeit verlief problemlos und sehr befriedigend.

22.3.72: Amtsgericht/Jugendgericht Sigmaringen: Verurteilung zu 4 Monaten Freiheitsstrafe „wegen eines Vergehens der Gehorsamsverweigerung nach § 20 WStG in Verbindung mit § 105 JGG (Jugendgerichtsgesetz)." Diese Verurteilung war die Folge wiederholter Befehlsverweigerung im November 1971. Zitat aus dem Urteil: „Die Arreststrafe von 21 Tagen wird angerechnet. Die Vollstreckung wird zur Bewährung ausgesetzt. Die Bewährungszeit beträgt 3 Jahre. Außerdem hat der Angeklagte an 24 Tagen je 8 Stunden unentgeldliche Hilfsdienste zu leisten, deren Art noch bestimmt werden wird." Später hat der Richter die Anzahl der Hilfsdiensttage auf 8 reduziert und bestimmt, die Tage im Krankenhaus Rastatt abzuleisten. Auf Nachfrage nach dem Grund dieser Auflage begründete der Richter seine Entscheidung wie folgt: Junge Menschen müssten lernen, etwas für die Gemeinschaft zu leisten. Ich war perplex! Ich leistete seit einem Monat Zivildienst in einem Krankenhaus und sollte in einem anderen Krankenhaus für die Gemeinschaft arbeiten! Der Mann hatte entweder keine Ahnung von Zivildienst oder war blind gefangen in einem stereotypen Bestrafungs-muster. So kam es, dass ich an meinen freien Tagen im Krankenhaus Rastatt in der Küche Handlangerarbeiten verrichtete: Geschirrtabletts bestücken, Geschirrtabletts abräumen, putzen, aufräumen.

Am 31.1.1973 endete mein Zivildienst.

23.4.1975: Ablauf der Bewährungszeit. Das Amtsgericht Sigmaringen beschloss, dass „die vom 22.3.1972 erkannte Freiheitsstrafe von 4 Monaten nach Ablauf der Bewährungsfrist erlassen" wird.

23.1.1979: Beendigung der Mitgliedschaft in der DFG-VK. Ich lehnte deren kritikloses Reflektieren der Verhältnisse in Vietnam und ihr Jubelverhalten bei den Jugendfestspielen auf Kuba ab.

Frühjahr 1980: Löschung aller Vorstrafeneinträge im Führungszeugnis des Zentralregisters der Staatsanwaltschaft Baden-Baden. Damit war mein polizeiliches Führungszeugnis wieder ohne Ein-träge. Dies war der endgültig letzte formale Schritt meiner Kriegsdienstverweigerung. Neun Jahre nach der Antragstellung zur Anerkennung ist das Kapitel formaljuristisch abgeschlossen!

Entgegen vieler Prophezeiungen aus meinem persönlichen Umfeld hatte ich durch meinen „Gang durch die Institutionen" während meiner beruflichen Laufbahn niemals Probleme. Ich habe bei Bewerbungen um Ausbildungs- und Praktikumsplätze stets meine Haltung als „Überzeugungstäter mit pazifistischer Grundhaltung" betont und meine „Straftaten" nicht als kriminelle Handlungen bezeichnet. Damit stieß ich sowohl bei freien als auch bei öffentlichen Arbeitgebern auf Verständnis. Dafür bin ich dankbar.

Fazit:

1. Neun Jahre lang war ich zweifach vorbestraft.

2. Insgesamt saß ich etwa 110 Tage im Freiheitsentzug.

3. 8 Arbeitstage habe ich unentgeldlich „Hilfsdienste für die Gemeinschaft" geleistet.

4. Ich habe sowohl Bundeswehr- als auch Gefängniskultur und -subkultur erfahren.

5. Die Erfahrungen, Herausforderungen, Beobachtungen und Reflexionen jener Zeit haben mein Selbstbewusstsein entscheidend geprägt. Jeder einzelne Tag trug ein neues Stück dazu bei.

6. Die Auseinandersetzung mit meiner KdV formte meine politische Haltung nachhaltig.

7. Ich habe diese Verweigerung mit all ihren Tiefschlägen völlig alleine bewältigt. Ich hatte keine Rechtsbeistände, keine Unterstützung durch die DFG-VK oder andere Organisationen, keinerlei Hilfe durch Familie oder Freunde/Bekannte und keine Öffentlichkeit.

8.Für das Aushalten dieser Lebensphase halfen mir Willenskraft, Durch-
haltevermögen, unerschütterliche Überzeugung und eine wachsende
Resilienz. Auch traute ich mir jederzeit zu, meine Zukunft trotz Vorstra-
fen befriedigend und mit Zuversicht gestalten zu können. Eine große
Portion Galgenhumor war von Vorteil. Zweifel an der Richtigkeit meines
Weges hatte ich nie. Ich war in der Lage, jeden neuen Tag als einen
Schritt in Richtung Ende zu begreifen.

9. Kriegsdienstverweigerer von damals ebneten – unabhängig davon, ob
ihre Verweigerung „unspektakulär“ oder „dramatisch“ verlief – den Weg
für nachfolgende Generationen von Verweigerern, die als Zivildienstleis-
tende immer größere gesellschaftliche Anerkennung erfuhren. Auch
trugen sie dazu bei, dass die Anerkennungsverfahren schrittweise „ver-
einfacht“ wurden. Voller Genugtuung und Freude genoss ich die Tatsache, dass späteren Verweigerern eine kurze Nachricht auf einer Postkar-
te zu ihrer Anerkennung genügte.

10. Die Frage im Nachhinein, ob ich genauso gehandelt hätte, wenn ich
damals genau gewusst hätte, was auf mich zukommt, beantworte ich
unumwunden mit ja. Jedoch hätte eine umsichtigere Vorbereitung auch
einen vorteilhafteren Verlauf genommen und die Begleitung durch einen
guten Rechtsbeistand hätte mir möglicherweise einiges erspart.

Grundgesetz Artikel 4 Absatz 3 :

" Niemand darf gegen sein Gewissen zum Kriegsdienst mit der Waffe
gezwungen werden. "

⟶ zur Zeit sitzen über Ioo Kriegsdienstverweigerer in den Arrestzellen der Bundeswehr

⟶ Selbstmorde und Selbstmordversuche von Kriegsdienstverweigerern
sind keine Seltenheit

⟶ über 7o Kriegsdienstverweigerer sind wegen Befehlsverweigerung
oder Fahnenflucht rechtskräftig zu Freiheitsstrafen verurteilt
worden.

Diese Dinge geschehen nur, weil Menschen gezwungen werden gegen ihr
Gewissen zu handeln.
Menschen, die sich auf ein Grundrecht stützen und deren Gewissen sie
zur Friedensarbeit zwingt, die sich gegen den Krieg und die Militarisierung, letzten Endes also gegen die Bundeswehr wehren, werden in der
BRD verfolgt, unmöglichen Gewissensprüfungen unterzogen, in Gefäng-
nisse gesperrt, schließlich kriminalisiert.

WIR LASSEN UNS NICHT EINSCHÜCHTERN !
WIR UNTERSTÜTZEN DIE KRIEGSDIENSTVERWEIGERER !
WIR KÄMPFEN FÜR DIE ERFÜLLUNG DES GRUNDGESETZES !

Macht mit im Arbeitskreis Kriegsdienstverweigerung Bühl
Freitags I9 Uhr im Haus der Jugend Bühl

Dieses vom AK KDV entworfene Flugblatt wurde am Samstag, dem 27.06.1975, während unseres Infostandes in der Bühler Innenstadt an Passanten verteilt.

Der Zwang zum Waffendienst bei der Bundeswehr führte bei vielen von den Gewissensprüfern nicht anerkannten Kriegsdienstverweigerern zu einer erheblichen inneren Zerreißprobe. Diese unmittelbare psychische Belastung trieb einzelne wie Hermann Brinkmann in den Suizid.

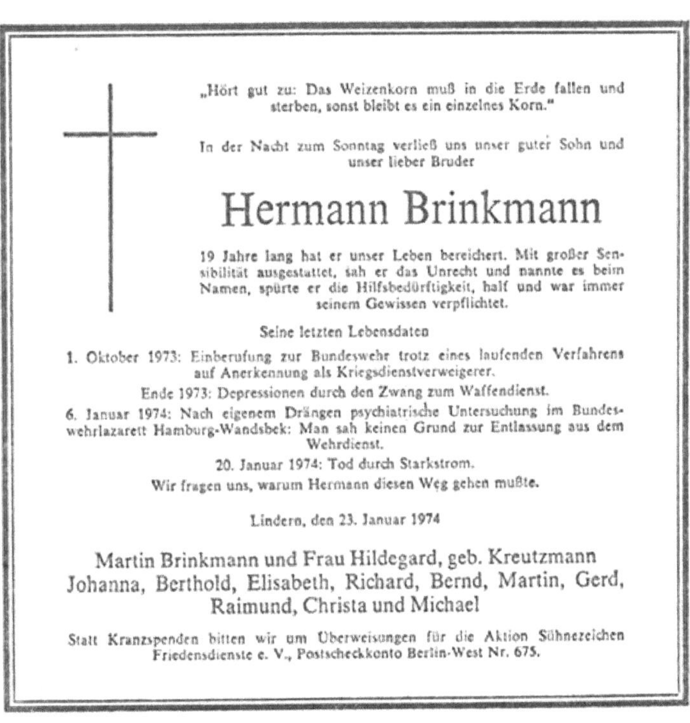

„Hört gut zu: Das Weizenkorn muß in die Erde fallen und sterben, sonst bleibt es ein einzelnes Korn."

In der Nacht zum Sonntag verließ uns unser guter Sohn und unser lieber Bruder

## Hermann Brinkmann

19 Jahre lang hat er unser Leben bereichert. Mit großer Sensibilität ausgestattet, sah er das Unrecht und nannte es beim Namen, spürte er die Hilfsbedürftigkeit, half und war immer seinem Gewissen verpflichtet.

Seine letzten Lebensdaten

1. Oktober 1973: Einberufung zur Bundeswehr trotz eines laufenden Verfahrens auf Anerkennung als Kriegsdienstverweigerer.

Ende 1973: Depressionen durch den Zwang zum Waffendienst.

6. Januar 1974: Nach eigenem Drängen psychiatrische Untersuchung im Bundeswehrlazarett Hamburg-Wandsbek: Man sah keinen Grund zur Entlassung aus dem Wehrdienst.

20. Januar 1974: Tod durch Starkstrom.

Wir fragen uns, warum Hermann diesen Weg gehen mußte.

Lindern, den 23. Januar 1974

Martin Brinkmann und Frau Hildegard, geb. Kreutzmann
Johanna, Berthold, Elisabeth, Richard, Bernd, Martin, Gerd, Raimund, Christa und Michael

Statt Kranzspenden bitten wir um Überweisungen für die Aktion Sühnezeichen Friedensdienste e. V., Postscheckkonto Berlin-West Nr. 675.

Frankfurter Allgemeine Zeitung vom 23. 1. 1974

Interessant ist in diesem Zusammenhang, dass Hannah Brinkmann im Jahr 2020 in einer Graphic Novel den autobiographischen Hintergrund der verzweifelten Lage ihres Onkels erzählt (Titel: „Gegen mein Gewissen", Avant-Verlag Berlin): „Hermann war ein Opfer verfehlter konservativer Nachkriegspolitik. Das System hat Kriegsdienstverweigerer gedemütigt und misshandelt" (H. Brinkmann, 2021, S. 76).

# 6. Letzte Aktionen

Eine der letzten größeren Aktionen, an denen sich der AK-KDV Bühl beteiligte, war die Stafette gegen Krieg und Rüstung der DGF-VK Baden-Württemberg. Die Notwendigkeit, Abrüstung stärker als es bisher der Fall war, zum Anliegen breiter Kreise der Bevölkerung zu machen, war Absicht der Aktion des DFG-VK Landesverbandes Baden-Württemberg. Ab dem 24.04. bis zum 29.05.1976 war von Konstanz ausgehend eine „Abrüstungs-Stafette" unterwegs, die in insgesamt 35 Städten und Gemeinden Station machte: „Alle diesen Veranstaltungen liegt unsere Forderung zugrunde das Wettrüsten zu beenden, mit der Abrüstung zu beginnen und für friedliche Strukturen in unserer Gesellschaft zu arbeiten" (Thiel, 1976, S. 5). Am Sonntag, dem 16.05.1976, war auch Bühl Station der Abrüstungs-Stafette. Nach einem Informationsstand zum Thema Abrüstung am 08.05.1976 auf dem Bühler Kirchplatz, folgte am 14.05.1976 eine Veranstaltung im HdJ mit einem Kurzreferat über den Abrüstungskomplex, dem Vorführen des Kurzfilms „Die Pest über uns". Dieser BBC-Film vermittelt einen besorgniserregenden Einblick in die Wirkung der chemischen und biologischen Kampfstoffe. Berichtet wird über die Produktion dieser Kampfstoffe sowie über die Suche nach Möglichkeiten ihnen zu begegnen. Mit Billigung des britischen Verteidigungsministeriums konnten Aufnahmen in dem schwer bewachten Forschungszentrum von Porton Down von Arbeiten gemacht werden, die zuvor noch nie gezeigt werden durften. Material aus anderen Quellen, so aus Schweden und Dokumentarbilder aus Vietnam ergänzen den Film, der im Übrigen durch Laboraufnahmen die furchtbaren Gefahren der B- und C-Waffen erkennbar werden lässt.  In der Gaststätte „Zum Deutschen Kaiser" zeigte die KDV-Gruppe am 16.05.1976 zunächst den Film „Acualité". Dieser Film zeigt Dokumentaraufnahmen über die Eskalation der Gewalt: Zusammenstöße von Demonstranten und Polizisten in aller Welt, Misshandlungen von Kriegsgefangenen und Soldaten im Dschungel. Dann verdrängt die Kriegstechnik den Menschen immer mehr aus dem Bild. Zum Abschluss sind Atompilze zu sehen, der Kriegslärm verstummt und aus der Höhe gleitet der Blick über eine ausgebrannte und tote Landschaft. Danach referierte Dr. Hannlies Schulte über Das Thema „Warum Abrüstung?" Zwischen diesen beiden Beiträgen trug ich antimilitaristische Lieder („Soldat, Soldat" von W. Biermann, „Unser Marsch ist eine gute Sache" von H. Stütz, „Der Deserteur" von B. Vian) vor.

Acher- und Bühler Bote, 14.05.1976

Seit Bestehen des KDV-Arbeitskreises Bühl ab September 1974 fand außerhalb von Schulferien fast jeden Freitagabend ein Gruppentreffen im HdJ statt, dem eine Beratungsstunde vorausging. Die Stammgruppe bestand aus etwa 15 männlichen und fünf weiblichen Mitgliedern (Durchschnittsalter: 20 Jahre). Ein Drittel des AK waren Mitglieder der DFG-VK. Der Arbeitskreis KDV Bühl hatte es nicht für erstrebenswert gehalten, der DFG-VK beizutreten, weil der AK die Meinung vertrat, auch ohne Anschluss an eine Organisation freier und politisch unabhängiger arbeiten zu können. Fast jeder Gruppenabend verlief so, dass nach einer Arbeitssitzung anschließend fast alle Anwesenden ein Bühler Lokal aufsuchten, um dort die zahlreichen persönlichen Kontakte untereinander zu vertiefen. Selbstverständlich wurde jeder neu dazugekommene Interessierte oder Ratsuchende zu diesem Anschlusstreffen eingeladen. Der Ablauf der AK-Treffen in einen mehr formellen und einen informellen

143

Teil hatte sich als recht positiv erwiesen, denn die Gruppe erhielt durch die Verknüpfung von sachlicher Arbeit und Förderung des emotional-sozialen Aspektes einen gewissen bindenden Zusammenhalt. Ebenso wurden so Freundschaften geschlossen und Neulinge konnten vereinzelt für die weitere Mitarbeit im AK gewonnen werden. Zum Kennenlernen und für die Integration in die Gruppe halfen auch unsere beiden Hütten-aufenthalte 1975 in Gaggenau und 1976 in Forbach. Wir kamen uns dabei zwischenmenschlich näher und erfuhren auch von den persönlichen Problemen der anderen Mitglieder. Doch  bestimmte dynamische Merkmale der Gruppenentwicklung deuteten Ende 1976  an, dass sich die Gruppe der Auflösungsphase näherte. Bedingt durch den Beginn eines Studiums, einer Berufsausbildung oder einer Berufstätigkeit kam es bei einigen Gruppenmitgliedern zu einem Wohnortwechsel, weshalb sie nicht mehr so aktiv wie früher im AK mitarbeiten konnten. Ich selbst unterrichtete ab August 1975 als wissenschaftlicher Lehrer an der Fach-schule für Sozialpädagogik in Bühl und wohnte seit 1976 in Rastatt und merkte selbst, dass meine Mitarbeit im AK etwas zurückgegangen war. Einige andere Mitglieder konzentrierten sich zunehmend nicht mehr ausschließlich auf die KDV-Arbeit, sondern fanden andere und neue Be-tätigungsfelder (z. B. Arbeitskreis gegen Berufsverbote). Ich gewann den Eindruck, dass manche Gruppenmitglieder meinten, der AK-KDV hätte seine gestellten Ziele erreicht und das Thema Kriegsdienstverweigerung wäre für sie erschöpfend bearbeitet. Allgemein war festzustellen, dass bei vielen Mitgliedern eine veränderte Interessenlage vorlag und wenig Bereitschaft zum gemeinsamen Fortsetzen des AK-KDV bestand. Eine Minderheit, zu der ich auch gehörte, brachte den Vorschlag ein, dass sich der AK zukünftig verstärkt mit vielerlei politischen Themen und aktuellen gesellschaftlichen Problemen befassen sollte: Themen, die besonders aktuell erscheinen oder Themen, die von Gruppenmitgliedern angeregt werden, sollten diskutiert werden. Besonders anstehende Probleme im kommunalen Bereich sollten aufgegriffen werden und einen speziellen Schwerpunkt in der weiteren politischen Arbeit setzen. Kontakte, die wir bisher zu anderen Gruppen hatten, sollten nach Möglichkeit erweitert werden (DGB-Jugendgruppe, Jusos). Beziehungen, die bisher zwischen

Gruppenmitgliedern bestehen, sollten erweitert werden. Dies könnte man erreichen, wenn man sich innerhalb der Gruppe auch kreativ betätigt (Musik, Theater, Kunst) oder sich an Wochenenden trifft und gemeinsam etwas unternimmt. So sollte auch als ständiger Tagesordnungspunkt neben der Information und Referaten der Punkt „Anliegen der Gruppenmitglieder" in den Sitzungsablauf aufgenommen werden. Am Ende einer engagierten und offenen Gruppendiskussion über die weitere Zukunft des KVD-Arbeitskreises zeichnete sich ab, dass die Mehrheit grundsätzlich keine Fortsetzung des AK wollte. Die Interessen der meisten Mitglieder tendierten eher in Richtung Selbsterfahrung und der Befriedigung von mehr individuellen Bedürfnissen. Die Auflösung des AK wurde von allen akzeptiert und wir trennten uns ohne Groll, denn auf der Beziehungsebene blieben die meisten freundschaftlichen Bindungen erhalten und dauerten auch in Zukunft an.

.

## 7. Beratung und Beistand

Von Anfang war mein Bestreben, dass ich mein Wissen über die Kriegsdienstverweigerung und meine damit verbundenen eigenen Erfahrungen an ratsuchende Kriegsdienstverweigerer weitergeben wollte. Um mich auf diesem Gebiet weiterzubilden, besuchte ich am 17.06.1973 in Stuttgart ein Ausbildungsseminar der DFG-VK für Rechtsberater im Bereich der Kriegsdienstverweigerung. Unter der Leitung von Herbert Ebel unterrichtete er die Teilnehmer über die für das Kriegsdienstverweigerungsrecht bedeutsamen Teile des Grundgesetzes:

- Artikel 1: Menschenwürde, Grundrechtsbindung der staatlichen Gewalt
- Artikel 2: Handlungsfreiheit, Freiheit der Person
- Artikel 3: Gleichheit vor dem Gesetz
- Artikel 4: Glaubens, Gewissens- und Bekenntnisfreiheit
- Artikel 5: Meinungsfreiheit

- Artikel 11: Freizügigkeit
- Artikel 17: Petitionsrecht
- Artikel 59: Völkerrechtliche Vertretung des Bundes
- Artikel 87a: Notstandsrecht (Aufstellung und Befugnisse der Streitkräfte)

Weitere Themen der Fortbildung waren das Wehrpflichtgesetz (§ 15, 16, 17, 18, 25, 26, 33, 35), das Ersatzdienstgesetz, die Verwaltungsgerichtsordnung sowie das Rechtsberatungsgesetz. Ferner wurden die Verfahrensschritte (Antrag, Begründung, Verhandlung vor dem Prüfungsausschuss, vor der Prüfungskammer und dem Verwaltungsgericht), die Rechtsmittel, die Rechtsprechung auf diesem Gebiet, die Funktion des Beistands und die Beratungssituation erläutert.

Am 17.12.1974 richtete ich an das Landgericht Baden-Baden ein Gesuch zur Erlaubnis der Rechtsberatung und des Beistandes auf dem Gebiet der Kriegsdienstverweigerung. Ich wies dabei auf meine Sachkompetenz in Bezug auf Kriegsdienstverweigerung hin und führte dabei an:

- Seit dem 05.10.1971 Mitglied des Verbandes der Kriegsdienstverweigerer
- Eigenes KDV-Anerkennungsverfahren (Verhandlung vor dem Prüfungsausschuss und vor der Prüfungskammer)
- Zuhörer bei fünf KDV-Verhandlungen vor dem Verwaltungsgericht Karlsruhe
- Literaturstudium
- Teilnahme an einem Ausbildungsseminar für Rechtsberater auf dem Gebiet der Kriegsdienstverweigerer in Stuttgart (17.06.1973).

Das Amtsgericht Bühl antwortete mir am 30.12.1974 auf meinen Antrag, dass der „Antrag nach der Ausführungsverordnung zu dem Gesetz zur Verhinderung von Missbräuchen auf dem Gebiet der Rechtsberatung beim zuständigen Amtsgericht einzureichen ist. Nach Einholung der erforderlichen Unterlagen entscheidet der Präsident des Landgerichts über Ihr Gesuch." Das Amtsgericht bat mich noch um Vorlage eines handgeschriebenen Lebenslaufs, Staatsangehörigkeitsurkunde, den Nachweis der Teilnahme an dem Ausbildungsseminar für Rechtsberater auf dem Gebiet der Kriegsdienstverweigerung und dem Ergebnis meiner Zwischenprüfung an der Universität Konstanz vom Herbst 1972.

Mit einem Schreiben vom 19.03.1975 erhielt ich vom Landgericht Baden-Baden den folgenden Beschluss:

„Herrn Adalbert Metzinger, Ottersweier, Hauptstr. 31 wird die Erlaubnis zur Rechtsberatung auf dem Gebiet der Kriegsdienstverweigerung nach Art. I § 1 des Rechtsberatungsgesetztes versagt.

Gründe:

Der Student Adalbert Metzinger hat seine Zulassung als Rechtsbeistand, beschränkt auf das Gebiet der Kriegsdienstverweigerung, beantragt. Der am 24.06.1950 in Bühl geborene Antragsteller hat nach der Volksschule die Höhere Handelsschule und anschließend das Wirtschaftsgymnasium besucht und im Sommer 1970 die fachgebundene Hochschulreife erlangt. Seit Herbst 1970 studiert er an der Universität Konstanz Erziehungswissenschaft.

Dem Antrag kann nicht entsprochen werden.

Nach Art. I § 1 Abs. 2 RBerG darf die Erlaubnis zur Rechtsberatung nur erteilt werden, wenn der Antragsteller die für den Beruf erforderliche Zuverlässigkeit, persönliche Eignung und genügen-de Sachkunde besitzt.

Wenn auch nichts gegen die erforderliche Zuverlässigkeit und persönliche Eignung des Antragstellers spricht, so kann er die auf dem von ihm für die Rechtsberatung begehrten Teilgebiet erforderliche Sachkunde nicht besitzen. Aus einer Mitgliedschaft in verschiedenen einschlägigen Verbänden kann nicht ohne weiteres auf ausreichende Sachkunde geschlossen werden. Auch sein eigenes Anerkennungsverfahren und die Teilnahme als Zuhörer bei der Verhandlung von fünf Fällen besagt sicher nichts dafür, dass der Antragsteller damit eine allgemein ausreichende Sachkunde erlangt hätte. Im Übrigen beruft er sich noch auf seine Teilnahme an einem Ausbildungsseminar für Rechtsberater auf dem Gebiet der Kriegsdienstverweigerung. Die von ihm vorgelegte Teilnahmebestätigung zeigt aber, dass dieses Seminar nicht seitens einer objektiven Ausbildungsinstitution, sondern von den an der Kriegsdienstverweigerung interessierten Verbänden durchgeführt worden ist. Die Teilnahme nur an einem solchen Seminar kann nicht als Nachweis einer genügenden Sachkunde ausreichen, wobei insbesondere auch zu beachten ist, dass die vorgelegte Bestätigung darüber, ob der Antragsteller an dem Seminar mit Erfolg teilgenommen hat, nichts aussagt. Offenbar hat er sich hinsichtlich seiner Sachkunde bisher nicht irgendeiner Prüfung oder auch nur einem Test unterzogen.

Gemäß § 4 der 1. VO zur Ausführung des Gesetzes zur Verhütung von Missbräuchen auf dem Gebiet der Rechtsberatung vom 13.12.1935 (RGBl.I S. 1481) soll im Übrigen die Erlaubnis Personen, die das 25. Lebensjahr nicht vollendet haben, nicht erteilt werden.

Rechtsbehelfsbelehrung

Gegen diesen Bescheid ist innerhalb eines Monats seit seiner Zustellung Widerspruch zulässig. Der Widerspruch muss schriftlich oder zur Niederschrift der Geschäftsstelle des Landgerichts Baden-Baden erhoben werden. Über den Widerspruch entscheidet, sofern ihm nicht abgeholfen wird, der Präsident des Oberlandesgerichts Karlsruhe.“

Da ich gegen diesen Bescheid Widerspruch einlegen wollte, mir aber passende und überzeugende Gründe fehlten, bat ich U. Thiel und H.J. Kobus um Hilfestellung. U. Thiel riet mir, da ich nicht die erforderliche Qualifikation nachweisen kann, soll ich doch jetzt die Gelegenheit zu einem „Test“ beim Landgericht beantragen: „In unserer Gegend war das zwar bisher noch nicht üblich, von NRW weiß ich aber, dass es dort ähnlich gelaufen ist“ (Thiel, 02.04.1975). Hans-Jürgen Kobus antwortete mir wie folgt: „Die Ablehnung Deines Antrages hat mich ebenfalls ziemlich überrascht. Ich selbst bin zwar auch vom Landgericht Baden-Baden zugelassen worden, habe jedoch die Anerkennung ursprünglich beim Landgericht Offenburg beantragt, das sich seinerzeit mit der Teilnahmebescheinigung eines Beraterseminars als Nachweis der Sachkunde begnügt hatte. Baden-Baden hat deshalb die Sachkunde bei mir nicht neu überprüft. Die Gründe wirken meines Erachtens recht fadenscheinig, zumal die darin geforderte „Prüfung" ja praktisch nirgendwo abgelegt werden kann" (Kobus, 10.04.1975). Anfang April 1974 schrieb ich noch an den Rechtsanwalt und Rechtsreferenten im DFG-VK Bundesvorstand Joachim Schwamborn in Frankfurt/M. und bat ihn ebenfalls um juristische Ratschläge. In seiner Antwort wies er u.a. auch darauf hin, dass ich bei der Begründung meines Widerspruchs angeben sollte, dass die Anforderungen nicht zu hoch gestellt werden dürfen und dabei die Pfarrer erwähnen, die ohne den Nachweis von Fachkenntnissen stets als Beistände zugelassen werden.

Im Ablehnungsbescheid hatte das Landgericht bestimmte Voraussetzungen zur Zulassung als Rechtsbeistand und Rechtsberater genannt, wozu auch die erforderliche Zuverlässigkeit zählte. Hierunter wird verstanden:

- Geordnete wirtschaftliche Verhältnisse, d. h. keine unübersichtlichen Geschäfte, Transaktionen oder Schulden und keine Insolvenz.

- Unbescholtenheit, d. h. keine Vorstrafen oder laufende Strafverfahren

- Keine Missachtung des RBerG, d. h. keine Rechtsberatung auf anderen Rechtsgebieten, keine verbotene Werbung, keine geschäftsmäßige Beratung ohne Erlaubnis.

Unter der persönlichen Eignung wird die Gesamtheit der menschlichen und beruflichen Bildung verstanden (Schulabschluss, Ausübung bestimmter Funktionen oder Ämter, berufliche Tätigkeit). Die außerdem erforderliche Sachkunde umfasst ausreichende theoretische Rechtskenntnisse und praktische Erfahrung. Nach meiner Auffassung verfügte ich über diese vom Landgericht Baden-Baden aufgeführten Voraussetzungen, weshalb ich mit Datum vom 14.04.1975 beim Landgericht Ba-

den-Baden Widerspruch gegen meine Ablehnung als Rechtsbeistand und
–berater einlegte. Zur Begründung führte ich die folgenden Punkte an:

„In meinem eigenen KDV-Anerkennungsverfahren wurde ich vom Prüfungsausschuss und der Prüfungskammer abgelehnt, weshalb ich durch
meinen Rechtsanwalt am 05.04.1973 Klage beim Verwaltungsgericht
Freiburg erhob. Durch meine Klage beim Verwaltungsgericht und dem
intensiven Gedanken- und Informationsaustausch mit meinem Rechtsanwalt, erhielt ich tiefgehende Kenntnisse über die rechtliche Seite der
Kriegsdienstverweigerung. Weil ich selbst durch meine Ablehnungen mit
der rechtlichen Seite der Kriegsdienstverweigerung konfrontiert wurde,
beschäftigte ich mich sehr ausführlich mit diesem Thema. Ich las z. B.
Urteile der Verwaltungsgerichte betreffs Kriegsdienstverweigerung und
arbeitete Literatur zur rechtlichen Seite durch (z. B. U. Daum: Grundsatzurteile zur KDV, Soldatengesetze).

Inzwischen habe ich am 13.02.1975 mein Studium der Erziehungswissenschaft, Psychologie und Soziologie an der Universität Konstanz erfolgreich abgeschlossen. Ich bestand meine Magister-prüfung mit der Note
„gut". Der erfolgreiche Abschluss eines Universitätsstudiums (9 Semester) spricht bestimmt für eine Eignung als Rechtsbeistand, da ich mir
durch mein Studium ein gut fundiertes Wissen, wissenschaftliches Arbeiten und Argumentieren sowie die Fähigkeit der intellektuellen Diskussion
erwerben konnte.

Ich kann Ihre Entscheidung nicht verstehen, wenn ich bedenke, dass
andere Antragsteller, die eine gleichwertige bzw. sogar eine mindere
Sachkunde als ich aufweisen, von Ihnen bzw. von anderen Landgerichten
ohne weiteres die Erlaubnis zur Rechtsberatung erhielten. Die Rechtsberater, die ich persönlich kenne, besitzen alle die gleiche rechtliche
Qualifikation wie ich und haben darüber hinaus keine weitere rechtliche
Sachkunde.

Bereits am 24. Juni werde ich 25 Jahre alt, womit § 4 der 1. VO zur Ausführung des Gesetzes zur Verhütung von Missbräuchen auf dem Gebiet
der Rechtsberatung vom 13.12.1935 (RGBl. I S. 1481) erfüllt wäre.

Die von Ihnen verlangte Prüfung (Test) kann praktisch nirgendwo abgelegt werden. Ich erkläre jedoch meine Bereitschaft, Ihnen in einem Test Rede und Antwort zu stehen und damit die Erlaubnis zur Rechtsberatung von Ihnen zu erhalten."

Das Landgericht Baden-Baden reagierte auch bald auf meinen Widerspruch, indem es bei dem Bürgermeisteramt meiner Heimatgemeinde Ottersweier bestimmte Angaben aus meinem Gesuch überprüfte. „Zur Prüfung der Frage, ob Ihrem Widerspruch abgeholfen werden kann" (Landgericht Baden-Baden, 14.05.1975) bekam ich am 25.06.1975 die Gelegenheit meine Sachkunde nachzuweisen. Die Prüfer waren Notariatsdirektor Fritz und Dr. Freiherr von Schowingen (Vorsitzender Richter am Landgericht Baden-Baden). Die Prüfung dauerte 30 Minuten, wobei mich zunächst der Notariatsdirektor zu meinem eigenen Anerkennungsverfahren (Antrag, Prüfungsausschuss, Prüfungskammer, Verwaltungsgericht) befragte. Weitere Schwerpunkte seiner Fragen waren: Voraussetzungen für die Anerkennung, Definition des Begriffs Gewissen, Beweislast, rechtliche Grundlagen der Kriegsdienstverweigerung, Grundlage der Beistandstätigkeit für die von den Kirchen und Religionsgemeinschaften beauftragten Personen. Die Fragen des Vorsitzenden Richters erstreckten sich auf die Lage der Kriegsdienstverweigerer in der Schweiz und in der DDR und auf das Ersatzdienstgesetz (z. B. Verweigerung des Ersatzdienstes und seine rechtlichen Konsequenzen). Nach einer fünfminütigen Beratung teilten mir beide mit, dass ich die Prüfung erfolgreich bestanden habe.

**Herr Adalbert Metzinger** in Ottersweier, Hauptstr. 31, wird gem. Art. I § 1 des Gesetzes zur Verhütung von Mißbräuchen auf dem Gebiete der Rechtsberatung vom 13. 12. 1935 (RGBl. I S. 1478 und des § 11 der Ersten AVO zu diesem Gesetz vom 13. 12. 1935 (RGBl. I S. 1481) die Erlaubnis zur Rechtsberatung ausschließlich auf dem Gebiete der Kriegsdienstverweigerung erteilt. Die Rechtsberatung hat am Wohnort in Ottersweier stattzufinden, das Auftreten vor Prüfungsausschuß und Prüfungskammer wird von der Erlaubnis mitumfaßt.

Die Erlaubnis berechtigt nicht zum Auftreten vor Gericht.

**Landgericht Baden-Baden**
— Präsident —

Badisches Tagblatt, 01.07.1975

Ich konnte nun wichtige Funktionen für Kriegsdienstverweigerer übernehmen:

- Durch meine Anwesenheit bei Verhandlungen dem Kriegsdienstverweigerer das Gefühl vermitteln, nicht ganz allein und hilflos gegen vier Personen zu stehen.

- Bei unsachlicher Verhandlungsführung („Ach, das ist doch dummes Zeug!"), Beleidigungen und offene Ungerechtigkeiten eingreifen

- Prostest bei Fragen, die offensichtlich unzulässig sind, z. B. dann wenn jede mögliche Antwort zu Ungunsten des Antragstellers ausgelegt werden kann

- Einschreiten bei falscher Protokollierung und die Berichtigung oder die Aufnahme des Protestes in das Protokoll verlangen

- Jederzeit selbst Fragen an den Antragsteller richten, damit eine Klärung oder Richtigstellung bei einer missverständlichen Äußerung erfolgen kann.

- Beistand kann ein Schlusswort sprechen (z. B. Darstellung, inwiefern die drei wichtigen Voraussetzungen für eine Anerkennung erfüllt sind: Gewissensgründe, persönliche Weigerung, Ablehnung jeder Waffenanwendung zwischen Staaten und Beweiswürdigung für die Ernsthaftigkeit und Glaubwürdigkeit der Gewissensentscheidung des Antragstellers).

Ein einmaliges Auftreten als Beistand, z. B. in Fällen persönlicher Freundschaft mit dem Antragsteller, war durchaus erlaubt. Geschäftsmäßig und damit regelmäßig durfte ein Berater bzw. Beistand nach dem Gesetz „Zur Verhütung von Missbräuchen auf dem Gebiet der Rechtsberatung" aus dem Jahr 1935 nur tätig sein, wenn ihm dazu vom zuständigen Gericht eine Erlaubnis erteilt wurde. Dieses von den Nazis geschaffene Gesetz war ursprünglich ein Berufsverbotsgesetz gegen jüdische Rechtsanwälte. Ich selbst habe nur zweimal als Beistand an Verhandlung teilgenommen. In beiden Fällen handelte es sich um Kriegsdienstverweigerer, die zum Zeitpunkt ihrer Verhandlung noch bei der Bundeswehr waren. Beide Antragsteller wurden in der Verhandlung vor der Prüfungskammer abgelehnt. Einer von beiden war vor dem Prüfungsausschuss bereits anerkannt worden, aber da die Bundeswehr Einspruch erhob, entfiel die Anerkennung und erforderte deshalb das Prüfungsverfahren vor der Prüfungskammer. In diesem Verfahren wurde ich wegen einer sachlichen Intervention vom Vorsitzenden so angesprochen: „Herr Lehrer, wir halten uns an die Regeln in der Schule!"
 Da ich aber aufgrund meines Studiums der Erziehungswissenschaft, meiner Arbeit als wissenschaftlicher Lehrer an der Fachschule für Sozialpädagogik Bühl (Fächer: Pädagogik und Psychologie, Verbindungslehrer der SMV) und durch meine nebenberufliche Tätigkeit bei der Jugendberatung im HdJ Bühl stärker in die beratende Funktion von jungen Menschen involviert war, bevorzugte ich diesen Bereich gegenüber dem Auftreten als Beistand. Bei den Beratungsgesprächen ging es einerseits um die Motive der Kriegsdienstverweigerung sowie um konkret praktische Angelegenheiten: Wie setze ich eine Begründung meines KDV-Antrags auf? Wie verhält man sich vor den Prüfungsgremien? Welche Fragen und Themen habe ich dort zu erwarten? Was kann ich bei einer Ablehnung unternehmen? Welche Literaturvorschläge können mir weiterhelfen?

Die KDV-Beratung hauptsächlich vor Ort stattfinden zu lassen, also im selbstverwalteten Jugendzentrum „HdJ", erleichterte den Zugang zu den Ratsuchenden. In  diesem Umfeld fanden sich auch im alltäglichen Geschehen (z. B. Tischtennis, Tischfußball) zwanglose Anknüpfungspunkte sowohl für erste Kontaktaufnahmen als auch für Termine hinsichtlich baldiger Beratungsgespräche. In einer partnerschaftlichen Zusammenarbeit mit dem Ratsuchenden war ich bestrebt, die Fragen und Probleme zu verstehen und Anregungen sowie Hilfen zur eigenständigen Selbsthilfe zu vermitteln. Ich versuchte demgemäß dem Ratsuchenden zu mehr Wissen und Einsicht in die individuelle Kriegsdienstverweigerung (Lebenslauf, Motive, eventuelle Schlüsselerlebnisse, Begründung) zu verhelfen und ihn zu eigenen Gedankengänge und Lösungsvorschlägen zu aktivieren. Meine KDV-Beratung zielte darauf hin, Informationen und Aufklärung über die Kriegsdienstverweigerung zu geben, aber gleichzeitig Hilfe zur Orientierung und Aktivierung zu vermitteln. Durch das Darstellen verschiedener Möglichkeiten und Erwägungen konnte ich den Ratsuchenden stärker und selbständiger in einen kritischen Aufklärungsprozess über seine eigene Entscheidung miteinbeziehen. Es lag mir dabei fern, in der Beratung fertige Rezepte anzubieten, sondern ich sah meine Aufgabe primär darin, dem zu Beratenden konkrete und hilfreiche Anstöße mit auf den Weg zu geben.

Im Oktober 1983 beschloss der Bundestag ein neues Recht zur Kriegsdienstverweigerung: Wer nun als Kriegsdienstverweigerer anerkannt werden wollte, musste er wie bereits früher einen schriftlichen Antrag bei dem für ihn zuständigen Kreiswehrersatzamt stellen. Dem Antrag musste ein ausführlicher Lebenslauf und ein Führungszeugnis beigefügt werden. Von entscheidender Bedeutung war nun, dass der Antragsteller nach dem Gesetz eine „persönliche, ausführliche Darlegung der Beweggründe für die Gewissensentscheidung" mit dem Antrag einreichen musste. Die schriftliche Erklärung der Motive war im neuen Anerkennungsverfahren von ausschlaggebender Bedeutung für die Anerkennung. Das schriftliche Prüfungsverfahren sah vor, dass ein Beamter des Bundesamtes für Zivildienst die überreichten Unterlagen prüfte und dann den Kriegsdienstverweigerer anerkennen konnte, ohne ihn je persönlich gehört zu haben. Der Beamte musste den Antrag aber ablehnen, wenn er der Auffassung war, dass die dargelegten Beweggründe das Recht auf Kriegsdienstverweigerung nicht stützen konnten. Ein daraufhin abgelehnter Kriegsdienstverweigerer musste nun für seine Anerkennung Klage beim Verwaltungsgericht erheben. Für Soldaten, Reservisten, Wehrpflichtige, denen ein Einberufungsbescheid zugestellt worden war, Wehrpflichtige, denen mitgeteilt wurde, dass sie kurzfristig einberufen wer-den können und Kriegsdienstverweigerer, die einen zweiten Antrag gestellt hatten, nachdem der erste Antrag schon rechtskräftig abgelehnt oder zurückgenommen worden war, blieb es bei dem mündlichen Prüfungsverfahren vor dem Prüfungsausschuss und der Prüfungskammer. Diese neue Rechtsgrundlage für die Kriegsdienstverweigerung wirkte sich natürlich auch auf die Art der KDV-Beratung aus, denn jetzt standen fast ausschließlich der Inhalt und die Formulierung der Beweggründe für die Kriegsdienstverweigerung im Vordergrund. Als der Bundestag 2011 die Wehrpflicht aussetzte und die Bundeswehr als eine Freiwilligenarmee etabliert wurde, bedeutete dies für mich das Ende meiner Tätigkeit als KDV-Berater. Das Recht der Kriegsdienstverweigerung konzentrierte sich jetzt nur noch auf die aktiven Soldaten oder die Reservisten. Da die einzige Bundeswehrkaserne in der nahen Stadt Achern aufgelöst wurde, waren von dort potenzielle Verweigerer nicht mehr zu erwarten.

In den 1980er Jahren unterstützte ich die Kriegsdienstverweigerung und die Friedensbewegung in erster Linie mit meinen antimilitaristischen Liedern als politischer Liedermacher. So trat ich z. B. bei der Bühler Friedenswoche im Mai 1982 bei einer Veranstaltung der GEW auf (Gedichte von Erich Kästner, Bertolt Brecht und Pelle Igel mit eigenen Kompositionen). Bei einer Veranstaltung der DFG-VK während einer Friedenswoche folgte im September 1982 in der Staufenberghalle in Gernsbach ein weiterer Auftritt. In Gaggenau sang ich im Anschluss an den dortigen Ostermarsch ebenfalls meine Songs während der folgenden Kundgebung in der Jahnhalle. Als am 20.03.2003 mit der Bombardierung ausgewählter Ziele in Bagdad der zweite Irak-Krieg begann, stieß dies auf eine breite Ablehnung in Deutschland. Bereits im November 2002 hatten sich nach einer Forsa-Umfrage 80 Prozent der befragen Deutschen gegen jede deutsche Beteiligung an einem erneuten Irak-Krieg ausgesprochen. Ab dem Beginn des Krieges entstand im Frühjahr 2003 eine internationale Antikriegsbewegung. Auch in Bühl setzten am 29.03.2003 etwa 300 Teilnehmer während einer Demonstration ein Zeichen gegen den Irakkrieg. Der Bühler Jugendgemeinderat, den ich als einziger älterer Erwachsener bei der Vorbereitung und Organisation unterstützte, hatte zu der Demonstration aufgerufen. Zusammen mit meinen beiden Söhnen Joschka (Gitarre) und Sandro (Schlagzeug) traten wir im Rahmen der Abschlusskundgebung als Gruppe „Gegenwind" auf und spielten zwei Anti-Kriegslieder („Wiegenlied": Text von Siegfried Einstein und Komposition von mir und „An meine Landsleute": Text von Bertolt Brecht und Komposition von mir).

### 300 Bühler demonstrierten gegen den Krieg im Irak

## „Interesse an der Friedenspolitik darf nicht nachlassen"

**Enttäuschung über die geringe Beteiligung von Erwachsenen / Pfarrer Geißler warnte vor Jagd auf Wählerstimmen**

Bühl (mge). „Wir wollen ein Zeichen setzen für den Frieden", erklärte Jugendgemeinderat Michael Eckert. Gemeinsam mit den Jusos Bühl und vielen freiwilligen Helfern veranstaltete der Jugendgemeinderat eine Friedensdemonstration auf dem Europaplatz mit einem Marsch durch die Bühler Innenstadt und einer anschließenden Kundgebung.

Rund 300 Kriegsgegner versammelten sich auf dem Europaplatz. Die Band „Studio 47 B" aus Baden-Baden spielte. Im Anschluss begann der Demonstrationszug durch die City, der von dem Jugendgemeinderat Michael Eckert und dem Juso Harald Zeitvogel angeführt wurde. Diese führten die Demonstranten vom Europaplatz über die Eisenbahnstraße in die Hauptstraße. Mit Sprechchören wie „Frieden schaffen ohne Waffen" oder „Kein Blut für Öl" zogen die Kriegsgegner weiter durch die Rheinstraße in die Friedrichstraße und versammelten sich schließlich wieder auf dem Europaplatz zur Kundgebung.

Stadtpfarrer Wolf-Dieter Geißler hielt eine Rede. Er erinnerte sich an eine Podiumsdiskussion zum ersten Golfkrieg vor zwölf Jahren „Damals", so berichtete er, „wusste ich nicht, ob ich Ärger kriege, wenn ich mich dazu äußere." Unter Beifall stellte er fest, die Haltung der Kirche zu diesem Thema habe sich erfreulicherweise geändert. Er freute sich auch über die Einladung des Bühler Jugendgemeinderats und wies darauf hin, dass es wichtig sei, den Protest gegen den Krieg solange aufrechtzuerhalten, bis wieder Frieden herrscht.

Mit Sorge betrachte er das mit der Zeit schwindende Interesse der Medien an diesem Krieg „Es muss klar sein, dass mit Krieg keine Wählerstimmen zu fangen sind", darin sehe er den Sinn einer solchen Kundgebung. Pfarrer Geißler schloss seine Rede mit einem Gebet von Papst Johannes Paul II.

Das Programm wurde von der Musikgruppe „Gegenwind" fortgeführt. Der Lehrer Adalbert Metzinger sang mit seinen zwei Söhnen ein Lied von Bertolt Brecht und ein „Wiegenlied vom Krieg". „Ich finde es sehr gut, dass der Jugendgemeinderat diese Demonstration organisiert hat. Ich habe großen Respekt vor dem autonomen handeln der Jugendlichen", so Metzinger gegenüber dem Acher- und Bühler Boten. Gleichzeitig sei er enttäuscht, dass sich Erwachsene kaum beteiligt haben.

Harald Zeitvogel hat sich mit den Jusos Bühl aktiv an der Organisation beteiligt. Er stellte fest, dass es doch funktioniere, dass Bühler Jugendliche nicht nur Betroffenheit zeigen, sondern auch etwas verändern wollen. Kritik äußerte er unter starkem Beifall der Zuhörer an der baden-württembergischen Kultusministerin Annette Schavan. „Sie hat den Schülern das demokratische Recht auf Demonstration verweigert."

Ebenfalls kritisierte er den amerikanischen Präsidenten George W. Bush. Er habe ein Haushaltsüberschuss dazu verwendet, um aufzurüsten. Außerdem warf er der Regierung Bush vor, nicht diplomatisch vorzugehen. Er schloss seine Rede mit der Aufforderung an die Zuhörer, das Konsumverhalten zu ändern, um die Armut in dem anderen Teil dieser Welt zu verringern und somit dem Fanatismus den Nährboden zu entziehen.

Siegfried Elth vom Deutschen Gewerkschaftsbund Mittelbaden freute sich darüber, dass die Friedensbewegung an Gewicht gewonnen habe, besonders auch durch Jugendliche. Einen sauberen Krieg gebe es nicht, die Zivilbevölkerung, besonders die Kinder müssten leiden. Deshalb sei der DGB gegen den Krieg. Er äußerte auch Kritik an CDU-Chefin Angela Merkel. Sie solle ihre Aussage, die Bundesregierung habe mit ihrer Haltung den Krieg provoziert, zurücknehmen. Der DGB unterstütze die Bundesregierung in ihrer Haltung gegen den Krieg.

Als letzter Redner wandte sich Ernst Rattinger von der deutschen Friedensgesellschaft Vereinigte Kriegsgegner an die Demonstranten. Er sprach sich gegen den zum Teil aus den Reden hervorgegangenen enttäuschten Unterton aus, es seien zu wenige Friedensaktivisten erschienen.

Auf Grund der Vielzahl von Veranstaltungen sei diese Demonstration ein beachtlicher Erfolg. Auch gebe es keinen Antiamerikanismus in der Friedensbewegung, man arbeite mit den amerikanischen Kollegen zusammen, auch seien wichtige Protestaktionen von den USA ausgegangen.

Rattinger warnte davor, nach diesem Krieg das Interesse an der Friedenspolitik zu verlieren. Man müsse aufpassen, dass nicht eine gesamteuropäische Interventionstruppe gebildet werde.

Acher- und Bühler Bote, 31.03.2003

# 8. Literaturverzeichnis

Bernhard, P.: Kriegsdienstverweigerung und Zivildienst, Bundeszentrale für politische Bildung,  Bonn 2016

Bochow, A.: Kein Asyl für Deserteure? Acher- und Bühler Bote, 02.06.2023

Brocher, T.: Gruppendynamik und Erwachsenenbildung, Braunschweig 1967

Bundesamt für Familie und zivilgesellschaftliche Aufgaben: Anerkennungspraxis im     Hinblick auf Kriegsdienstverweigerungsanträge von Soldatinnen und Soldaten, 06.03.2013

DFG—IDK/VK: Grundrecht schützen! Essen 1974

Thiel, U.: Vorwort, in: DFG-VK Landesverband Baden-Württemberg (Hrsg.): Stafette für Abrüstung, Karlsruhe 1976

Daum, U.: Grundsatzurteile zur Kriegsdienstverweigerung, München 1971

Deutscher Bundestag: Wehrgerechtigkeit (Drucksache 7/1748), Bonn, 28.02.1974

Finckh, U.: So wird ein Grundrecht ausgehöhlt, in: DFG-IDK/VK: Grundrecht schützen! Essen 1974, S. 22 - 29

Haug, H.J.:/Maessen, H, (Hrsg.): Kriegsdienstverweigerer: Gegen die Militarisierung der Gesellschaft, Frankfurt/M. 1971

Hofferbert; M.: Zur Vorbereitung des Antragstellers auf die Prüfungsverhandlung, in: antimilitarismus information, 6/1973, S. 111 – 120

Klein, M.: Beweis und Gewissen, Berlin 1972

Mannhardt, K./Schwamborn, W.: Schwarzbuch Kriegsdienstverweigerung, Köln 1974

Metzinger, A.: Die Bundeswehr probte den Ernstfall, in: Südwest-Kontakte, 7/1974, S. 9 - 10

Pfister, K.: KDV-Statistik 1993, in: Südwest-Kontakte, 2/1994, S. 22 – 23

Reusch, W.: Tod eines Kriegsdienstverweigerers, in: Amnesty Journal, 2/2021, S. 76

Spoo, E.: Kriegsdienstverweigerer wegen Autofahrens nicht anerkannt, in: Frankfurter Rundschau, 02.01.1984

Stuttgarter Zeitung: Der Grabstein ist nun ohne Hakenkreuz, 01.04.2014

Verband der Kriegsdienstverweigerer – Gruppe Düsseldorf: Verhandlung vor dem zuvorkommenden und liberalen Prüfungsvorsitzenden, Düsseldorf, o. Jg.

v. Weizäcker, C.F. (Hrsg.):Kriegsfolgen und Kriegsverhütung, München 1970

ZDv 3/12; Schießausbildung mit Pistole und Maschinenpistole, Juli 1960